Trésors des racines pataouètes

Du même auteur

Œuvres incomplètes...

Refus d'obtempérer, Pauvert, 1957.

Opticon, Julliard, 1959.

Le Guide de Colombey, La Jeune Parque, 1961.

Le Roro, Denoël, 1969.

Et alors ? Et oilà !, Le roman du mois, 1968 ; Balland, 1972.

Poèmes colère du temps, Denoël, 1970.

Le petit Lettré illustré (dessins de Vazquez de Sola),
   Balland, 1971.

La Légende des Siestes, Balland, 1973.

Sacré nom d'une Bible (illustré par Pino Zac), Balland, 1973.

Les trente-deux impositions (dessins de Moisan),
   La Jeune Parque, 1974.

L'Obsédé textuel, Julliard, 1974.

Giscaricatures (dessins de Vazquez de Sola), Stock, 1975.

Hexagoneries, Paris, Seghers, 1976.

Roland Bacri par Roland Bacri, Seghers, 1977.

Le Beau Temps perdu, Seghers-Laffont, 1978.

Les Pensées, éditions du Cherche-Midi, 1979.

Les Rois d'Alger, Grasset, 1988.

Les Métamorphoses de la rose, Le Rocher, 1995.

Le Petit Poète, La Canardothèque, 1956 ; Syros, 1998.

J'ai descendu dans mon Jourdain, La Découverte, 1999.

COLLECTION LE FRANÇAIS RETROUVÉ

Trésors des racines pataouètes

Roland Bacri

Illustrations de Charles Brouty

BELIN 8, rue Férou 75278 Paris Cedex 06
www.editions-belin.com

© Éditions Belin, 1983
ISBN 2-7011-**0470**-X   ISSN 0291-7521

INTRODUCTION

Vous vous rappelez, Esope ? La langue, la pire des choses, des fois c'est la meilleure ? Et qu'avant d'parler, mieux qu'on la tourne sept fois dans la bouche oussinon on s'fait des nœuds ?

Nous z'autes, en Algérie : sept langues faut qu'on tourne en même temps avant de bien parler pataouète ! Le français naturel, l'espagnol, l'italien, le grec, le provençal, l'arabe et le judéo-arabe. Vous vous rendez compte cette richesse lingouistique ? Vous comprenez maintenant pourquoi c'est vraiment des pas forts en sémiologie comparée ceux qui font des parallèles entre le pataouète et l'occitan ou le bas-breton ? Où on va, franch'ment, si on confond le langage propre d'une ethnie avec des spécialités régionales ? Le pataouète, regardez maintenant qu'on a été rapatriés un peu partout et même à l'étranger ! C'est un dialecte, un patois ? Ou une langue vivante, grâce à Dieu, universelle, cosmopolite et œcuménique même ?

D'abord, pataouète et sabir, c'est pas du tout, mais pas du tout la même chose ! Le pataouète, vous commencez à le cerner, et le sabir : c'est du français naturel que parlent mal les Arabes, à cause de leur accent d'autochtones. Des exemples connus, des tonnes y en a ! « *Ti'es philosophe, toi, hein ? — Kiss ti dis ? Ci pas moi qui fi los z'ofs, ci la poule !* » Vous voyez l'genre ?

Une aute, tenez ! Ça se passe à la caserne Pélissier, en face du lycée Bugeaud.

— Mon capitaine, y a l'adjudant… j'suis un zouave, moi, j'suis pas une femme !

— Qui c'est qui t'prend pour une femme ?

— L'adjudant, rien qu'y m'donne li z'ordes… ci pas bian di tôt !

— Quels z'ordres ?

— J'me torn' contre l'mur… et lui pendant c'temps…

— Il a des actes libidineux ?

— Pas libidineux, mon capitaine ! Li gros nœud !…

Vous voyez l'coup ?

Y a eu bien sûr des livres en sabir mais le seul bien, célèbre, rigolo, c'est les *Fables* de Kaddour. J'vous en donne une dans la partie anthologique, vous verrez. Kaddour c'était pas un vrai Arabe mais un universitaire. Très connu, mais je me rappelle pas le nom.

*
**

Le pataouète, c'est pas d'l'argot non plus ! C'qu'y m'énervent tous en confondant not'langue vivante comme tout avec leur langage secret, soi-disant ! Leur argot qu'est-ce que c'est ? Du français naturel que les péquenots ne doivent pas comprendre. Ils le parlent à l'envers (le verlan) ils changent les mots exprès (bafouille pour lettre, palpitant pour cœur…) pour embrouiller et total, qu'est-ce qu'y font les lexicomanes ? Des indicateurs ! Dans leurs dictionnaires, y vous vendent la mèche !

Le pataouète c'est pas plus franc et honnête ? Clair comme tout, obligé à cause du soleil ! Savoureux, vous allez voir les recettes que j'vous donne ! Torrentiel même si nos oueds, y z'avaient pluss le temps, c'est vrai, de se sécher au soleil plutôt que d'se noyer dans un verre d'eau avec des efforts débordants.

L'art du pataouète, c'est pluss l'art arabo-gréco-romain que l'argotique ou roman.

*
**

Ce dictionnaire pataouète, c'est pas le premier qu'on a fait (y a eu d'abord le Lanly, P.U.F., 1962) mais c'est le premier en son genre : pas en universitaire et en français naturel mais en langage parlé direct (et capabe quand même !) de Bab-el-Oued.

Et d'abord c'est pas un dictionnaire, c'est des Trésors des racines de nous z'autes !

Comme une sociologie lingouiste où en pluss des néologismes, des tournures, des locutions, des proverbes, des insultes avec les gestes, des vocables télégraphiques, des épithètes de nœuds, des syntaxes locales ou à la valeur ajoutée, vous aurez une ambiance, du soleil, la mer, des odeurs, des saveurs...

Et quand j'vous dis langage savoureux, c'est pas pour vous parler des recettes de cuisine que j'vous donne aussi, hein ! Enfin bon bref, c'est lexicologique, philologique, sémiologique, analogique, étymologique, anthologique, toutes les choses logiques !

Avec des tableaux, des listes, des organigrammes, des « Ne dites pas... mais disez... », un « Who's who » et des « En pataouète dans le texte » des grands classiques de la littérature et tout le reste comme dit Paulo. Verlaine bien sûr.

*
* *

Les racines lingouistes du pataouète, dans la nuit des temps elles s'enfoncent !

Un jour, Edmond Brua (dans la partie dictionnaire, vous verrez qui c'était, en pluss de mon ami) donc un jour qu'on rigolait, y me dit sérieux (car c'était un érudit capabe !) :

— Tu t'rappelles le passage du *Carthaginois* de Plaute, le monologue de Hannon :

Ythalonim ualon uth sicorathisyma comsith
Chym lachchunythmumys thyal mycthi baruimi sehi
Liphocanethythby nuthi ad edynbynuni
Bymarob syllohomaloni muybymy syrthoho
Byth lym mothyn noctothu ulechanti clamas chon

Yssid dobrim thyfel yth chil ys chon chem liful
Yth binim ysdybur thinnochot nu agorastocles
Ythemaneth ihychir saelichot sith naso
Bynny idchil liichilygubulim lasibit thun
Bodialytherayn nynnuys lymmon choth lusim
Ythalonim ualoni uth sicorathiisthymhi mihymacomsith
Combaepumamitalmethottiambeat
Iulecantheconaalonimbalumbar dechor
Bats +++ hunesobinesubicsillimbalim
Esseantidamossonalemnedubertefet
Donobun + huneccilthumucommucroluful
Alt anima vos duberitthemhu archaristolem
Sitteseda necnasotersahelicot
Amemus dubertimurmucopsuistiti
Aoccaaneclictorbodes iussum limnimcolus

que tout le monde comprend que dalle à part les mots en latin et en phénicien et encore ?

Des philologues disent qu'y a du vieux gallois. D'autes, de l'irlandais. Court de Gibelin (il est connu) est prêt à jurer sur la vie d'sa mère que c'est du bas-breton. Bochart et Belleman disent que c'est du celte. « Non ! c'est des racines puniques, on reconnaît, disent des écrivains basques, donc c'est du basque ancien... »

— Ah ! que j'l'interromps, c'est pour ça qu'on dit : Plaute basque ?

On a rigolé un bon coup, il a continué sec :

— Comme Carthagène, Carthage, au fond c'est l'Maghreb, pourquoi qu'on penserait pas à du berbère (masylien) que c'était la langue indigène ? Une sorte, pas de vrai pataouète, mais de *carthaouète ?*

Enfin bref, j'abrège pour pas qu'vous dites : « Quel philologue qu'il est çuilà ! » C'est vrai, dans ce modeste essai d'ethnographie lingouistique, j'peux m'étendre comme j'voudrais ? C'est pas une exégèse-longue ! Bon, où j'en étais ? Ouais ! les deux derniers de ces vers compliqués et incompréhensibes complète-ment, ça veut dire qu'une chose, traduit en littéral :

Son esploit, l'huissier, y peut se le mettre bien bien, j'vous dis pas où, purée !

Que si c'est pas du pataouète d'origine, alors hein, j'me fais curé !

Claudel, tiens ! Vous avez vu, dans les vers qu'il a faits, cette strophe ?

Tout ça pour attester aux gens une fois de plus cette
[bonne chose qui vient du ciel
Cette bonne chose de tout le poids qu'on est à quoi l'on
[est attaché avec des bretelles...

Vérifiez si vous m'croyez pas ! C'est dans le poème *Saint Michel Archange, Patron des parachutistes d'Indochine*. Vous tombez des nues, hein ? Claudel faisait du pataouète sans le sa'oir !

Allez chercher une aute langue où l'expression jaillit avec un bouillonnement créateur spontané comme ça !

***
****

La langue, c'est le véhicule de la pensée. La pensée pataouète, c'est comme ces trams d'Alger, les T.A. et les C.F.R.A., bourrés complètement de Français d'Algérie, d'Arabes, d'Espagnols, d'Italiens et autres ethnies. Y fallait qu'y s'comprennent pour se dire : « C'est mon pied, hein ? Si vous le sentez pas, moi j'le sens encore, figurez-vous avant qu'l'ankylose me monte... »

Obligé donc qu'y s'inventent un langage commun comme leurs transports.

D'où le pataouète.

D'autes choses à dire, y en a des paquets, bien sûr. Mais si j'vous les dis toutes dans cette introduction, qu'est-ce qu'y restera pour les tableaux explicatifs et l'article « Pataouète » dans la partie dictionnaire ?

J'coupe court, obligé ! Mais n'ayez pas peur, à la fin du livre, tout vous saurez ! Autant qu'moi, c'est bien simple...

La place du Gouvernement à Alger.

GRAMMAIRE
PATAOUÈTE

La lettre et l'esprit, c'est bien simple : d'abord vous prenez l'esprit au mot, et après, le mot à la lettre.

Vous avez le verbe, c'est toujours le verbe haut :

— *Tu peux pas crier un peu douc'ment, non ?*

Le sujet, toujours sujet de discussion avec les gestes :

— *A moi tu vas frapper ?*

Vous retournez la phrase comme la situation.

Et l'article. Des fois élidé, des fois éludé mais l'idée : on fait toujours l'article dans la conversation :

— *Le soleil y brille pour tout l'monde ? Chez nous z'autes peut-ête pasqu'en France, par son absence y brille, ouais !*

La concordance des temps, ça... Comme vot' Concorde ! Le mur du son il est franchi à tous les coups tellement que vous perdez la notion du temps. Le futur, c'est un présent que nous fait le passé et le plus-que-parfait, ça existe dans la vie ?

On pourrait, si on voudrait, conjuguer comme y faut, orthodoxe et tout. Mais c'est pas mieux qu'on conjugue plutôt nos efforts pour s'comprendre à demi-mot ?

LE SON DE PRONONCIATION

Les timbres de vos voix, c'est comme les timbres que les philatélistes font collection. Tout dépend des dents qu'on a, comment ils sont émis et d'où, enfin bref... En coin daté ou pas ! La prononciation du pataouète, c'est très simple :

• Le son, vous le prenez à la gorge (pour faire un peu guttural comme les Arabes) et vous le lâchez en douceur quand vous êtes sûr qu'il va partir tout gentil.

• Le *p* vous le sortez en très apppuyé. *La pppurée, va !*

• Vous ouvrez l'*o* à fond, le son est plus fluide, même si ça fait pas consonne mouillée.

• Vous allez dire qu'on manque pas d'*r* mais c'est vrai, chez nous, il est souvent superflu. *La purée de nous autes !*

• Coupez les *l* intempestifs. *Merci, vous êtes bien aimabes !*

• Pour le *v*, faut faire un effort donc, dès que vous l'pouvez, vous le faites pas. *Je s'rais passé sous cette oiture, tu t'rencontres ?*

• Les *é*, enfin, en France ils ont l'accent grave, l'accent aigu, l'accent circonflexe, nous z'autes : que l'accent pataouète ensoleillé. Par exemple, chez le crémier, au lieu de : « *Le lait est frais, c'est vrai ?* » mieux vous dites : « *A de vré, le lé il est fré ?* » oussinon on croira qu'vous él'vez des vaches dans la Champagne pouilleuse.

• En français naturel, *tu es*, c'est beau, franch'ment ? Pas assez expéditif, en pluss, je trouve ! Vous dites à quelqu'un : *Tu es tué...* Vous vous rendez compte ? Nous on préfère le raccourcir carrément : *Ti'es tué !*

C'est comme vous avez : *Tu as*, nous on a : *Ti'as.*

Exempe : « *Attia, ti'es entier, si ti'as peur n'a pas peur, bête que ti'es !* »

La passerelle de la gare à Constantine.

MANUEL
(puisqu'on parle avec les mains)
DE CONVERSATION

L'Algérie, c'était (c'est toujours) un pays d'expression française mais aussi et surtout : d'expressions pataouètes.

Celles qui suivent, j'ai pas oublié d'les mettre dans la partie dictionnaire mais elles sont tellement inclassabes qu'obligé j'vous les énumère comme ça. En tableau.

NE DITES PAS...	... MAIS DISEZ
Il se retrouve complètement démuni.	*Y reste une main devant, une main derrière.*
Il a une très petite taille.	*Tellement il est petit, quand on le voit, on dirait qu'il est loin !*
Le silence des espaces infinis m'effraye.	*Tellement que je serrais les fesses, si on m'aurait mis des olives, un litre d'huile j'aurais eu comme rien !*
Ça me rentre par une oreille, ça me sort par l'autre.	*Ça m'en touche une sans remuer l'aute.*
Pour m'avoir, il faut se lever de bonne heure.	*A moi, personne y me le met !*

On ne peut contenter tout le monde et son père.

S'il faudrait faire plaisir à tout l'monde, on s'en sortirait pas avant même de rentrer dans l'détail !

Mon cher, tu ne perds rien pour attendre !

Laisse, laisse que j't'attrape, j't'en donne une que le mur y t'en donne une aute !

Tu te rends compte ?

Tu t'rencontres ?

Que me dis-tu là ?

Ti'as lu ça dans « Mickey » ?

Prends bien garde, petit, de ne pas te noyer !

Si tu t'noies, ta mère elle te tue !

Ce mariage, c'est le plus beau jour de sa vie.

Si tu verrais comme elle est heureuse, la pauve !

Dans la vie, il y a des hauts et des bas.

Tu montes, tu descends, qu'est-ce tu peux faire ?

Enfin, je m'énerve, c'est un tort.

C'est vrai, je monte, je monte... et c'est là que j'descends.

Il faut savoir finir une grève.

La grève à de bon, au cimitière on s'la fait !

Elle a de beaux yeux mais...

Les yeux y sont beaux, le reste, tu peux jeter !

Vous pouvez me croire !

La vérité, c'est vrai ! ou
Ma parole si je mens ! ou
*Tu m'craches dessur si c'est
pas vrai !*

Ne crains rien !

Si ti'as peur, n'a pas peur !

Tu es très bien habillé !

La classe, mon frère !

Combien j'ai douce sou-
venance du joli temps de
mon enfance.

*Comment qu'on était,
comment qu'on est
devenus !*

C'est une fille très bien,
un très bon parti.

*Une perle, cette petite !
Une main au piano, l'aute
au chiffon à laver l'par-
terre.*

Vous ne pouvez pas vous
occuper de ce qui vous
regarde, non ?

*Alors c'est tout à quoi vous
passez vot'temps, à criti-
quer les uns, les z'autes ?*

Quittons ces lieux, Sei-
gneur, il est temps de
partir.

*Allez tchao, et que le bon
Dieu y vous l'allonge bien
bien !*

Au village nègre, le marchand d'eau.

A

Première lettre de l'alphabet, d'*Algérie*, d'*Amour*
sacré de la patrie etc. ça tombe bien, hein ?

D'*Arabe* aussi et j'pourrais vous dire *Ah! l'A est
grand...* mais si on commence à rigoler vous allez pas
croire au sérieux, dans l'fond, de ma démarche. Donc,
si ce dictionnaire s'ouvre sur A, un c'est pasqu'il est
alphabétique et deux : pour vous avertir qu'en
pataouète, on l'emploie en préposition et toujours on
s'le met devant les compléments. Exemple littéraire et
grammatical...

*Au lieu comme tout l'monde d'avoir un foyer, ce petit le
pauve, ça faisait d'la peine de le voir sur les routes, tout
seul comme Tchico! Sans personne qui lui dise comme à
tous les enfants : « Dis ! A qui tu aimes le mieux ? A ton
père ou à ta mère ? »*

Hector MALOT, *Sans famille.*

A DE BON

En français naturel, on dirait *pour de bon* mais en
pataouète, on met toujours *à* pour *pour* et jamais *pour*
pour *à*.

— A de bon, ti'es le fils de Dieu ?
— Qu'est-ce tu crois ?
— Jure-le sur la vie d'ton père...

Ernest RENAN, *Vie de Jésus.*

A DE RIRE

Pareil comme explication que pour *à de bon*, donc vous comprenez que ça veut dire *pour de rire* si vous me suivez sérieux.

— *Yseult, ma fille, sois raisonnabe, j'l'en prie...*
— *J'peux pas ! Mon amour, qu'est-ce tu veux, il est pas à de rire, il est à Tristan !*

Gilbert LÉLY, La Folie Tristan.

A DE VRAI

A de bon, maintenant, si vous avez pas compris la construction d'la tournure, franch'ment j'sais plus quoi vous dire. La vérité.

— *A de vrai, mon action pour la défense du franc, elle est authentique et pas autant toc que... J'peux êt' traité de n'importe quoi...*

Raymond BARRE, Traité d'économie politique.

AFFURE

Ça veut dire *intérêt*. Vous dites : « *Et quelle affure j'en ai ?* » on comprend que pour vous, c'est l'indifférence la plus totale. D'où ça vient, d'où je sais ? Quelle importance, au fond ? Ceux qui parlent le pataouète comme une vache espagnole emploient le mot « *affure* » dans un aute sens, ils disent : « *Affure et à mesure...* » Incorrect complètement !

— *L'argent ? Et quelle affure j'en ai, moi ?*
— *Y a intérêt, camarade.*

Karl MARX, Le Capital.

A FORCE, A FORCE

Expression pour dire que les choses, obligé des fois qu'elles z'arrivent, c'est la vie, qu'est-ce vous voulez !

— J'vais pas vous apprendre mais vous savez, comme elle était du sexe faible, à force, à force, hein...

Pierre SEGHERS, *Chants de la Résistance.*

AKARBI J'TE JURE

Akarbi, en arabe c'est *haqq* (vérité) et *rabbi* (Dieu). Donc : *Par la vérité de Dieu !* On ajoute le *j'te jure* à la fin pour bien insister sur la crédibilité du juron. C'est vrai y en a qui jurent, ma parole, et c'est pas vrai.

— Et tu l'as plus revue ?
— Akarbi j'te jure, elle a fait qu'une apparition !

Michel DE SAINT-PIERRE, *Bernadette et Lourdes.*

ALLEZ VA !

Vouvoyer et tutoyer tout de suite après, ça fait sentir la familiarité, les bons rapports qu'on a. Avec un *Allez va !* vot' protestation est plus aimabe...

Allez va, pleurez pas ! Au lieu que j'vous augmente les impôts de 50 % comme j'vous avais dit, j'vous les augmente que de 40 %, vous êtes contents ?

M. MERLEAU-PONTY,
Phénoménologie de la perception.

22

AMANE !

D'origine arabe (*amān*, quiétude, sécurité etc.) ce mot (qui ressemble à *amen*, mais ça a rien à voir) on l'utilise pour quoi ? Approuver soi-disant pasqu'en réalité, hein, c'est pas à nous z'autes qu'y faut raconter ça !

— *Faire la conquête, c'est gagner la sympathie, l'amour...*
— *Amane ! La conquête de l'Algérie, par exempe.*

Guy BRETON,
Histoires d'amour de l'Histoire de France.

ANISETTE

Alcool à base d'anis bien sûr, comme du ricard ou du pernod sauf que quand vous mettez de l'eau pour la boire, eh ben ça devient pas jaune comme un foie malade mais blanc, symbole de pureté.

On dit aussi *marhia* (de l'arabe *mā*, eau et *hiyā*, vie, donc : eau de vie) mais ça s'est dilué comme sens. Surtout qu'avec leur religion, les musulmans, c'est pas avec l'eau-de-vie qu'y peuvent devenir ivres-maures !

> *Un soir de demi-brume à l'ombre*
> *Un oualione, il ressemblait à*
> *Paulo, y me dit : « Tu t'rencontres ?*
> *La chaleur qu'y fait ? » Résultat :*
> *On s'tap' l'anisette à son compte.*

APOLLINAIRE, *Alcools*.

AOUAH !

Moitié de l'arabe *wāh* (oui) moitié du provençal *ah ouatt*.

Juron dubitatif pour quand on est pas dupe mais qu'on se récrie soi-disant stupéfait.

— *Ma parole, il est pas méchant pour deux sous.*
— *Aouah ! Pour deux sous peut-ête, mais pour quate ?*

Bertold BRECHT, *L'Opéra de quat'sous*.

AOUFE

De l'espagnol *a ufo,* gratuit, pour rien. Avec une nuance de resquillé, on s'dit : « Çuilà, il est dégourdi », ça fait mieux.

— Vous voyez ces lunettes ? Aoufe, j'les ai eues !
— Vous seriez venu nous voir, dans notre magasin, nous nous serions fait un plaisir de vous les faire avoir à l'œil, mon cher.

Albert CAMUS, *Le Malentendu.*

AOUSQUE

L'origine, c'est *Où est-ce que ?* contracté dans le fond mais décontracté par la forme.

Des jeunes filles avec qui on fait pas les choses à moitié, aousque vous en trouvez, vous ?

Marcel PRÉVOST, *Les Demi-Vierges.*

ARRANGER LA CRAVATE

C'est pour quand quelqu'un manque tellement de tenue qu'obligé vous lui tombez sur le paletot.

Encore ? Ti'as pas honte, non ? Attends un peu et tu verras comment que j'vais t'arranger la cravate, moi !

FEYDEAU, *Mais n'te promène donc pas toute nue !*

ASSA'OIR !

Les Marseillais disent *Va savoir !* mais comme nous z'autes on dit pas *Vé !* comme eux à tout bout d'champ, on les enlève et ça donne : *Assa'oir !*

Les poissons, c'est vrai, peut-ête qu'y sont pas touss muets comme des carpes. Leur thon, assa'oir si il est pas criard comme tout, d'où on sait ? Mais après tout peut-ête que j'y entends rien...

Vercors, *Le Silence de la mer.*

ATCHIDENTE (l')

C'est par accident (*accidenti* en italien) qu'en pataouète c'est devenu une interjection. Qu'est-ce ça veut dire ? *Fichtre !* dans le sens pas content du tout.

— L'atchidente, va ! Juste le premier d'la classe il a droit à un bon point du rabbin ?

A. Schwartz-Bart, *Le dernier des justes.*

ATSO !

Littéralement c'est le phallus, mais on l'utilise dans un aute sens, pluss présentabe.

— Atso ! pasque mon mari, ce pourri, il me trompe, j'vais prendre la trompette ?

Verdi, *Aïda.*

AZRINE

En démonologie des Arabes, c'est leur Belzébuth, leur Lucifer, leur Satan d'malheur.

— Azrine y vient, la plus belle fille du monde ne peut damner que ce qu'elle a !

François MAURIAC, *Le Diable par la queue.*

AXE (rester)

C'est être étonné dans les grandes largeurs. Comme quand, sidéré comme tout, on écarte les bras pour dire que ça nous dépasse.

J'étais tout'petite, quand mon père m'a dit comment qu'il était mort sur la croix, not'Seigneur : axe je suis restée, mon Dieu !

Raphaële BILLETDOUX,
L'ouverture des bras de l'homme.

BABALLAH (à la)

Ça sort de « la porte de Dieu », *bab Allah* en arabe. Son sens c'est : n'importe comment.

— Où, j'fais les choses à la baballah ? J'viens comme j't'avais promis, c'est exact ?
— Exact, une heure en retard ?
— Y avait des encombrements...
— On a dit : « Dans vingt-quatre heures », donc...

GHEORGHIU, *La vingt-cinquième heure.*

BABAO

Quelqu'un qu'il est pas fort en intelligence, vous comprenez ? Rester babao, c'est rester avec les yeux ronds figé comme si vous saviez pas quoi dire et quoi faire tellement vous êtes interloqué.

Son tronc, purée, avant que tu fais l'tour ! Tu t'arrêtes, tu l'regardes : au bas du baobab, babao tu restes !

MALRAUX, *Les chênes qu'on n'a pas.*

BACHAGA

Haut fonctionnaire pluss élevé dans la hiérarchie administrative qu'un *agha*, en turc. En Algérie aussi, ça vient du temps (avant 1830) d'leur domination, le Dey, les janissaires, tout leur caravansérail !

Le bachaga Boualem se leva de son banc de député et dit : « En Algérie, l'argent, on sait plus où la mettre. » — Mettez-la au masculin ! s'écria une voix dans la salle.

Journal Officiel, 1952,
Comptes rendus de l'Assemblée Nationale.

BACORINA

Une *bacora*, en valencien, c'est une figue fraîche tellement mûre et molle qu'elle vous coule de partout, quel bagali ! Toute violette, c'est pas appétissant. Une fille qu'on l'appelle *bacorina*, la pauve, l'intelligence chez elle, elle a fait figa. Elle a pas porté ses fruits.

— Tout ça, pour arranger cette montre ?
— Qu'est-ce tu veux, faut tout que j'vérifie.
— Elle t'a pas dit qu'est-ce qui marche pas, la cliente ?
— Elle m'a dit qu'elle a des tics mais plus des tacs,
cette bacorina !

Jacques ATTALI, *Histoires du temps.*

BACRI

Famille très importante d'Alger, historique même puisque c'est à cause de nous que les Français ont fait la conquête de l'Algérie, j'exagère pas, vous allez voir.

Les Bacri d'Alger écrivaient leur nom (avant le décret Crémieux, car ils étaient pas encore Français à part entière) en arabe :

بَقْرِي

Ça veut dire : bouvier ou vacher. D'autres disent : boulanger, allez sa'oir ! Avant de venir s'installer à Alger, ils vivaient à Livourne, Italie, très prospères y paraît.

En 1794, les Bacri, gros banquiers et marchands d'céréales internationaux donc (on les app'lait « Les Rois d'Alger » c'est bien simple), avaient vendu, pour 14 millions de francs-or de l'époque, de blé à Bonaparte. Pour sa campagne d'Égypte. En 1827 : pas encore un sou d'remboursé, j'vous passe les péripéties avec la Caisse des Dépôts et Consignations, tout !

Donc, sacs de blé, sac de nœuds, sac d'embrouilles, le roi de France Charles X, pour régler le contentieux ou le compte anxieux, bon ! il envoie son consul Deval à Alger chez le Dey Hussein (y avait la domination turque).

Y discutent, marchandage diplomatique, un mot entraîne l'aute, paf ! le Dey Hussein : un coup d'son éventail sur la joue à Deval. Le consul tout rouge (du coup et d'la vexation) s'en va tout digne et Charles X — Ah! c'est comme ça? — il dit au général de Bourmont d'aller débarquer ses troupes à Sidi-Ferruch, une plage magnifique.

Donc, vous voyez, les Bacri? Responsabes du coup d'éventail mais si la France elle a fait du vent en 1962, là personne peut dire, hein? Le juste c'est le juste!

— Alors tout c'débarquement, ce sac de nœuds, à cause des Bacri?

— Et ouais! Une famille très importante. Des juifs mais nobles.

— Nobles?

— Pas des Valois ou des Bourbons, non. Du prince de Condé, y descendent.

— Aouah?

— Y paraît qu'c'est leur arrière-arrière-arrière-grand-mère qui les a fait Condé. Leur devise armoriale c'est : « Les hauts cris s'envolent, les Bacri restent. »

CHATEAUBRIAND, *Le Génie du Bacristianisme.*

BACRIADE (la)

Vous allez pas l'croire mais la vérité, c'est vrai! en 1827, chez Ambroise Dupont et Cie, éditeurs, les poètes marseillais Barthélémy et Méry ont publié *La Bacriade*, toute l'histoire que j'vous ai racontée (voir à BACRI). Une pièce de théâtre classique et en vers, à la Corneille et Racine, tout Paris a rigolé pendant trois ans.

« La Bacriade », c'est malheureux que personne la réédite! Un jour comme ça que j'passais à la Bibliothèque Nationale, rue de Richelieu, par hasard j'tombe sur l'Inventaire n° 14911 : ma parole quel texte!

Robert SABATIER, *Histoire de la poésie française.*

LA BACRIADE

ou

LA GUERRE D'ALGER.

POÈME HÉROI-COMIQUE,

EN CINQ CHANTS.

PAR BARTHÉLEMY ET MÉRY.

Tu céderas, ou tu tomberas sous ce vainqueur, Alger, riche des dépouilles de la chrétienté. Tu disais dans ton cœur avare : Je tiens la mer sous mes lois, et les nations sont ma proie. La légèreté de tes vaisseaux te donnait de la confiance, mais tu te verras attaqué dans tes murailles, comme un oiseau ravissant qu'on irait chercher parmi ses rochers et dans son nid.

BOSSUET, *Oraison funèbre de Marie Thérèse d'Autriche.*

2ᵉ ÉDITION.

PARIS

AMBROISE DUPONT ET Cⁱᵉ, LIBRAIRES,

ÉDITEURS DE L'HISTOIRE DE NAPOLÉON, PAR M. DE NORVINS,

RUE VIVIENNE, N. 16.

1827

BADJOC

Du catalan *bajoc*, pas très intelligent. Vous êtes badjoc si vous comprenez toujours ça qu'y faut pas, c'est énervant, vous comprenez ?

— Elle est badjoc, j'te dis ! Par l'oreille, elle croyait qu'on avait les enfants !
— Tu li'as expliqué au moins ?
— Tu parles ! Pour lui faire rentrer ça dans la tête...

Henry JAMES, Ce que savait Maisie.

BAGALI

De la terre, d'l'argile, d'la boue... Avant, au temps d'la conquête de l'Algérie, ils en faisaient du mortier pour édifier des constructions. Maintenant, c'est un jeu d'enfants quand ils font des saletés partout.

— Qué bagali qu'y me font, ces gosses ! Allez, c'est ça, pourrissez-vous bien, vot' mère, elle fra la bonne !

Bertold BRECHT, Mère Courage.

BAKCHICH

Mot arabe qui veut dire pot-de-vin mais comme les indigènes boivent pas de vin, c'est défendu par leur religion, on l'emploie en beaucoup pluss qu'un pourboire.

— Pour son fond d'commerce dans la bonnetterie, le bakchich qu'elle a dû donner, la pauve !

Daphné DU MAURIER, Ma Cousine Rachel.

BALÈK !

Tiré de l'arabe : *bal*, attention et *ek*, deuxième personne du singulier, ça fait *Balèk*, attention sur toi. Dans le sens de : Prends garde !

— Balèk ma fille ! Tu crois qu'il est très beau mais c'est tout l'contraire, j'te dis ! Balèk !

Jean GIRAUDOUX, *L'Apollon de Bellac.*

BALLON (se tenir le)

Une femme, vous lui faites l'amour, des fois ça prend des proportions. Comme l'embryogénie dilatée ça lui fait ce qu'en termes scientifiques on appelle une grossesse. Ou vous voyez l'image comment elle a pris forme, ou c'est vous que vous êtes gonflé.

— Joseph, mon chéri, qu'est-ce que ti'as ?
— Moi rien, mais toi ? C'est vrai c'qu'y m'a dit Matthieu ?
— Que j'me tiens le ballon ? J'osais pas t'le dire mais ça s'voit, non ?
— Mais mon Dieu, Marie, comment qu'ti'as fait ?

Émile ZOLA, *Le Ventre de Paris.*

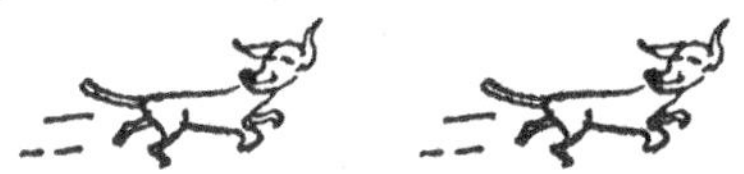

BARDA

De l'arabe *berda*, ça veut dire : bât de mulet, mais les militaires de l'Armée d'Afrique le prenaient en gros sac au dos avec tout l'fourbi, pasqu'y z'étaient chargés comme des bourricots.

Jacques Cellard et Alain Rey dans leur *Dictionnaire du Français non conventionnel,* disent : « Historique du mot : vers 1950. » Chacun son bagage ou son barda de lingouiste, hein...

— Bon alors, on va ou on va pas, purée ?
— Allez on va ! J'fais mon barda et marche la route, mon Dieu !

> P. Barret et J.-N. Gurgand,
> *Priez pour nous à Compostelle.*

BARAKA

En arabe, c'est quand les saints veillent sur vous, la chance que vous avez c'est formidabe, vous êtes béni ou quoi ?

Dans la famille, on a toujours eu la baraka. Alors qu'tous les autes étaient fauchés...

> Miguel Angel Asturias, *Hommes de maïs.*

BARKA !

Contraction sûrement de *baraka r'lass* qu'on dit pour çuilà qui n'a pas d'chance, c'est malheureux mais c'est hein, *le mektoub* (voir ce mot). Comme y vient, y vient, comme y tombe, y tombe !

Une fois, y me fait une soupe de fèves, une fois à cause de lui, j'm'avale la tomate, une fois à l'hippodrome des Caroubiers, une heure y me fait poireauter... J'li'ai dit : « Ho ! maintenant barka, hein ? si tu veux ma santé !... »

Maurice MESSÉGUÉ, *Des hommes et des plantes.*

BAROUD

De l'arabe *barod,* poudre, c'est devenu une bataille rangée ou dérangée, à la guerre comme à la guerre.

Un *baroud d'honneur* c'est quand faut s'battre mais y a plus d'espoir, rien qu'pour la gloire.

C'était un Espagnol de l'armée en Beyrouth, Sépharade, y rev'nait moitié maur' du baroud.

Victor HUGO, *Après la bataille.*

BAROUFA

C'est une grande bagarre, ça vient de *baruffa* en italien, rappelez-vous Goldoni qu'il a écrit une pièce : *Le Baruffe chiozzotte.*

Dans une baroufa comme y faut, on s'arrange la cravate, on se dobze la carabasse, on se monte un œil sur mesure, on se donne bien bien, on se jongle, on se mange de coups : botchas, calbotes, coups de tête empoisonnés etc. Que tous les coups sont dans la nature et à leur place dans ce livre, vous avez qu'à vous reporter.

Quand il a vu qu'le p'tit il lisait « C'est Mozart qu'on assassine », son père, la baroufa qu'il li'a fait ! ! ! « J't'ai dit de pas lire des romans policiers, hein, espèce de misérabe...»

Thomas DE QUINCEY,
De l'assassinat considéré comme un des Mozart.

BATATA

C'est *patate* en français naturel mais les Arabes, comme ils ont un accent, ils en ont fait *batata* et nous on leur a pris moitié pour rigoler moitié au fond pourquoi pas ? Avant les événements, « Radio P.T.T. Alger » on l'appelait : « Radio Batata Alger » car c'était plein de grosses légumes, soi-disant.

> *— Rien qu'des batatas tous les jours tu veux qu'j'te fais ? Si toi ti'aimes les femmes grosses comme les Arabes, moi j't'avertis, j'me trouve très bien comme ça, grâce à Dieu !*

José ORTEGA Y GASSET, *La Révolte des masses.*

BATEL

Substantif arabe qui veut dire *gratis*, en latin, ça signifie : pour rien, même si vous êtes pas polyglotte, ça vous coûte rien de l'sa'oir.

> *— Y m'appellent pour l'service militaire, j'vais à la caserne Pélissier, y me donnent l'uniforme batel, dis !*
> *— Aouah ? Le batel-dress ?*

Jean LARTÉGUY, *Les Centurions.*

BESSIF

Ça veut dire *par force*, on l'a pris aux Arabes. Synonyme de *Obligé !* Voir ce mot, vous pouvez pas faire autrement.

Vous vous dites : « Ses yeux, purée !... » et vous avez chaud partout. Vous regardez sa poitrine... Mamamille ! vous avez les mains moites. Etc., etc. Bessif qu'après, dans tous les sens vous vous la voulez !

Condillac, Traité des sensations.

BÉZEF

C'est *beaucoup*, et ouais, on leur a encore pris aux Arabes.

T'ai-Chan dit à Tchong T'seu-K'i : « Tu pars avide mais tu n'arriveras empli que d'amertume. Car si le Tao est tout, Toa, pas bézef du tout ! »

Lao Tseu, Le vrai classique du vide parfait.

BIC

C'est *bicot* en plus ramassé. Péjoratif comme tout et même dégueulasse quand on parle (mal) des Arabes d'Algérie. Synonymes : *bougnoule, crouillat, raton, melon, tronc d'figuier...* Y en a qui les emploient (j'parle des mots), c'est des racistes, c'est tout !

Y riait comme une baleine, dis ! Au lieu d'lui dire : « Moby Dick » d'Herman Melville, « Maudit Bic » j'li'ai dit !

Luc Étienne, L'Art du Contrepet.

BICOT

Ça vient sûrement de *bique* et *arabique* mais, en plus certain, par aphérèse (c'est le mot qu'y faut et très comme y faut en lingouistique) de l'espagnol *arabico*.

> — *Ti'as vu les pieds-noirs, avec les indigènes, au Mozambique ? Qu'y vont s'rapatrier, ça j'ai peur !*
> — *Les pieds-noirs ? On les appelle comme ça, comme en Algérie, au Mozambique ?*
> — *Ouais, j'l'ai lu dans les journaux !*
> — *Alors, les Arabes de là-bas, c'est des Mozambicots ?*
>
> Jean D'ORMESSON, *La Gloire de l'Empire*.

BIEN-BIEN

Tour syntaxique bien répétitif pour bien montrer qu'y faut faire les choses bien et plutôt deux fois qu'une.

> — *C'est un grand péché, mon fils, d'avoir profité de lui porter l'courrier pour...*
> — *Et ouais ! Surtout, hein, qu'on l'a fait bien-bien !...*
>
> James CAIN, *Le Facteur sonne toujours deux fois*.

BIZOUTCHE

Ce mot, ou vous le voyez venir de l'espagnol *bisojo* — que ça veut dire strabiste divergent — ou de l'arabe *zouch*, c'est le chiffre deux. Ces deux sens vont dans la même direction, vous allez comprendre. On a tous un droit de regard sur les choses, hein ? Et ben, quand ce droit de regard il est de travers : vous êtes bizoutche, oilà !

— *J'ai la vue fatiguée, docteur.*
— *Pasque vous avez les yeux qui se croisent les bras ? Ça n'a rien à voir, vous êtes bizoutche.*
— *Faut qu'je fasse attention ?*
— *Pas la peine ! Vous avez déjà les yeux qui se surveillent de très près...*

DÜRRENMATT, *La Visite de la vieille dame.*

BLED

A l'origine (arabe) c'est un pays perdu, au fond de la cambrousse, allez sa'oir où, Tatahouine ? Et puis après, à cause de la démographie, l'exode rural, le progrès, c'est devenu la campagne.

Dites-moi z'où et n'en quel bled
Est Zorah la belle Kabyle ?
Tizi-Ouzou ? Béni-Méred ?
Son souvenir y m'obnubile...

François VILLON,
Ballade des fatmas d'avant l'Indépendance.

BLIBLI

C'est un petit pois chiche grillé, qu'il est à croquer, les Oranais disent *torraïco*, diminutif de *torrado* en castillan, vous voyez c'est très répandu. A Alger on marchait dessus, c'est bien simple !

Elle avait pris ce blibli
Dans son âge enfantin...

Victor HUGO, *Les Contemplations.*

BOLIDE

Nous, c'est pas en auto d'course qu'on l'emploie mais quand on parle de quelqu'un qu'il arrive en trombe ou qu'y part très vite, c'est toujours le même sens.

— Quand j'li'ai dit que la fille Rothschild elle avait cassé ses fiançailles, il est parti comme un bolide, j'te jure !

Charles DICKENS, *Les Grandes Espérances.*

BOMBER

Quand une balle ou un ballon d'fotbal tape par terre, en France on dit qu'elle rebondit mais nous en Algérie on dit qu'elle *bombe.* Et quand elle retombe pour rebondir encore, on dit qu'elle *rebombe.*

— Tu la reprenais d'la tête, espèce de savate, tu marquais l'but tranquille !
— Ti'as pas vu qu'elle a bombé trop haut, non ?

Howard HAWKS, *Seuls les anges ont des ailes.*

BONHEUR (tu f'ras mon)

Expression heureuse comme tout pour cacher que vous avez d'la peine. Elle s'en va, vous en prenez vot'parti, elle croit qu'c'est arrivé ou quoi ?

— On a des bons souvenirs quand même...
— Des bons souvenirs ? Oublie-moi, va, tu f'ras mon bonheur ! Pars, pars avec ton bûcheron...

Jack LONDON, *L'Appel de la forêt.*

BOTCHA

Coup, on sait pas d'où ça vient, c'est comme dans la vie quand on la reçoit. C'est après qu'on comprend. Qu'on peut même dire que c'est frappant. A prendre que dans le sens fort.

Y rigolait, y rigolait, j'li'ai donné une botcha, si ti'aurais vu après comment qu'il rigolait...

Françoise SAGAN, Un certain sourire.

BOUDJADI

En arabe, c'est un qu'y descend jamais de sa montagne donc, qu'est-ce qu'y peut connaître, franch'ment ? Y s'reconnaît à certains signes comme... Tous, à part le signe d'intelligence !

— Alors entre une belle poitrine de jeune fille et des pois chiches, tu fais pas la différence, toi ? Ti'es un boudjadi d'la montagne ou quoi ?

Vladimir JANKÉLÉVITCH,
Le Je-ne-sais-quoi et le Presque-rien.

BOUFFA (être de)

C'est quand les bouffées de l'alcool vous ont rendu éthylique complètement. A cause l'anisette ou le Mascara, ça dépend des goûts et du portefeuille. On dit aussi *de gaz* (voir ce mot) peut-être à cause qu'on a des vapeurs ou qu'on est sous pression.

— Arrête, Fernand, tu m'as soûlée.
— Moi j'croyais que j't'avais grisée, dis !
— Tu m'laisses, ouais ? Ti'es de bouffa ou quoi ?

Marco FERRERI, La Grande bouffe.

BOUGE-TOI DE LÀ !

Du verbe en français naturel dans le sens de *mouvoir*, nous on l'a déplacé en pluss transitif pour en faire une innovation dialectale. A la place on peut dire : *Pousse-toi de là !*

— *Tu connais Mac-Mahon qu'il a dit : « J'y suis, j'y reste » ?*
— *Écoute-moi bien : si tu te bouges pas de là, mon collègue, avec moi, tu peux m'faire confiance, tu vas mal tomber !*

Samivel, L'Amateur d'abîmes.

BOUGNOULE

Ce mot d'où y vient, sûrement d'une poubelle, en tout cas aucun lingouiste l'a trouvé. Çuilà qui l'a inventé, y doit pas en être fier, hein, puisqu'il garde l'anonymat, ce raciste ! En langue vulgaire donc, un bougnoule c'est un Arabe d'Algérie ou un travailleur immigré en France.

— *Mais y m'a pris pour un bougnoule, çuilà ? Des profiterolles, je li'ai demandé, ti'es témoin ?*

Yves Navarre, Les Loukoums.

BOULITCHE

Du catalan *bolitx*, du castillan *boliche*, c'est moins dur de faire le point en étymologie qu'au jeu d'boules

car en France, ils disent cochonnet au lieu de boulitche. Un le lance et après c'est très simple : ou vous
pointez ou vous tirez, même si vous êtes pas fort sur le
terrain lexical...

> — *Alors, tes boules, qu'est-ce ti'en fais ?*
> — *Ho ! tu crois qu'j'suis avec ta femme ?*
> — *Dis ? Ma femme c'est pas un boulitche, hein ?*

Roger CAILLOIS, *L'Homme et le sacré.*

BOURRATCHO

Vient (en zigzaguant) de l'espagnol *borracho* : un
qu'il a trop tapé la sangria, le Malaga, le Xérès, quelle
corrida pour l'aider à retrouver son équilibre !

> — *Allez viens, j'te dis ! Ti'es un peu bourratcho, bon,
> et après ? On est entre nous, non ?*
> — *La purée de nous z'autes ! Sans chaise, tu veux
> qu'j'm'asseois ?*

Catherine PAYSAN, *Nous autres les Sanchez.*

BOURRICOT

De l'espagnol *borrico,* âne et pas du français naturel
bourrique comme y en a qui l'croient, j'vous dis pas
c'qu'y sont. En 1872, déjà, Alphonse Daudet, la
preuve, disait qu'c'était algérien comme mot.

> — *Sauveur, j't'avertis ! Si tu fais croire à ta maîtresse
> que mon fils c'est un bourricot, j'te tue, hein ?*

Horace MAC COY, *On achève bien les chevaux.*

BOUSBOUS

Un *bousbous*, en arabe, mais à tout prendre qu'est-ce ? Vous avez deviné, c'est très bien : un bouche-à-bouche que quand vous embrassez très bien, ça vous fait perdre le souffle, ma parole, jusqu'à expiration de vot'désir.

Ce bousbous, la vérité, d'le donner ça m'rendait malade mais qu'est-ce tu veux...

François MAURIAC, *Le Baiser au lépreux.*

BOUSSAADI

Un grand couteau, la lame est très recourbée, les Arabes bandits s'en servaient à Bou-Saada, en Algérie. Une ville aussi calme qu'une aute mais vous savez, quand se déchaînent les passions et l'ingéniosité des hommes...

C'qu'on sait, c'est qu'les crimes sont signés. Mais comme l'arme du crime c'est un boussaadi, ce meurtrier M. c'est pluss un Mohammed qu'un Metternich, j'déduis.

Fritz LANG, *M. le Maudit.*

BRAS D'HONNEUR

Geste d'indignation quand on replie un bras et que de l'aute main on se tape sec sur le biceps. Osé, c'est quand en pluss vous remuez le doigt du milieu.

— Quand il m'a dit « J'ai l'honneur de vous demander vot'main », un bras d'honneur amélioré, j'li'ai tapé !

BEAUMARCHAIS, *Le Mariage de Figaro.*

BRÈLE

Mulet arabe que c'est le petit d'un cheval qu'une ânesse, c'était sa cavalière. Ou vice et versa, d'un bourricot qu'il a cavalé avec une belle jument.

Santuzza. — Même que tu m'as trahie, je sais que ti'es pas un mauvais cheval.

Turiddu. — Laisse, j'te dis !

(Exit à bride abattue.)

Santuzza (se cabrant). — Quel brèle, çuilà ! A mon amour, comment qu'y répond cavalièrement !

Pietro Mascagni, *Cavalleria Rusticana.*

BROUMITCHE (jeter du)

D'où ça vient, on sait pas. Où ça va, c'est dans la mer pour appâter le poisson. Une pâte qu'on fait avec du fromage pourri, des têtes de sardines pilées, tout c'que vous avez de restes pour bien que l'aute morde à l'hameçon que paf ! après, il a plus qu'à regretter sa mer.

Les centristes, rien qu'y vous jettent le broumitche à vous autes les socialisses pour que vous allez leur manger dans la main tendue.

Aragon, *Les Communistes.*

BROUTY Charles

Né en 1897, qui c'est qui l'connaît pas à Alger, en Algérie, Tunisie, Maroc, Sahara, tout l'Maghreb ? Son carnet d'croquis à la main, y a pas pluss dessinateur reporter que lui ! Du temps qu'un photographe, clic ! clac ! y change de pellicule, lui : tout il vous a croqué sur le vif et tous azimuts ! Pas un grand écrivain en Algérie qui s'est pas dit : « Aouah ! si j'mets pas dans mon livre des dessins de Brouty, une zoubia finie ça va être ! » Brua, Roblès... Roger Frison-Roche, même pour son « Touareg », tout ça !

Ses recueils ? Po po po, la liste ! « La Basseta tu te rappelles ? », « Un certain Alger », « Hassi-Messaoud »... Y en a trop, j'vous dis !

En pluss, c'est un très grand peintre, hein ! Un livre sur lui, faudrait faire !

BRUA Edmond

Grand auteur comme tout et c'était mon ami en pluss, j'sais l'année où il est né, j'sais qu'il est mort y a pas longtemps, les autes dictionnaires, c'est malheureux, n'en parlent pas et pourtant en Algérie, on l'connaissait pluss que tous les faiseurs d'dictionnaires ! Il a été rédacteur en chef du « Journal d'Alger » mais surtout, écrivain bilingue : en français naturel (*Le cœur à l'école, Faubourg de l'Espérance...*) et en pataouète : *Les fables bônoises* et *La Parodie du Cid*. Fin lettré, humaniste, tout ! la preuve, vous l'avez vue dans mon introduction.

BURNOUS (faire suer le)

Le burnous c'est une sorte d'ample vêtement des Arabes, ils s'habillent avec pour rire sous cape ou aute chose, même travailler. Quand au temps de l'Algérie française, les colons exagéraient trop à faire travailler les Arabes, ça les faisait suer, c'est ça le travail, c'est normal. Surtout qu'en pluss, la chaleur qu'on avait, nous, hein...

— C'est pas bien, vous savez, tout c'que vous avez fait suer le burnous, pour d'l'argent !
— Qu'est-ce vous voulez ! L'argent n'a pas d'odeur, même de transpiration.

BOSSUET, *Le Burnous (et autres oraisons valabes).*

CABASSETTE

Du valencien *cabasset*, les Français de France ont dû en faire leur *cabas* et nous z'autes un p'tit couffin (voir ce mot) où on porte le casse-croûte ou c'qu'on veut.

— On monte au Frais-Vallon avec le cabassette, on passe l'après-midi tranquille, qui mieux qu'nous ?

Maurice BARRÈS, *La Colline inspirée.*

CACHIR

Dans tout l'Maghreb, on disait comme ça pour la viande *cachir*, le vin *cachir*... autorisés par la religion chez les Juifs. Depuis qu'on a été rapatriés en France, allez sa'oir pourquoi, on dit *casher*. Une sorte de snobisme qui a yiddischisé not'mot.

> *— Ti'as bien mis un timbre d'Israël, hein, ma fille ?*
> *— Obligé ! Le casher de la poste faisant foi !*

BEETHOVEN, *La Lettre à Élise.*

CADEAU

En latin c'est *gratis*, donc vous voyez comment il faut l'prendre.

> *D'abord, les larmes aux yeux, j'sais pas pourquoi. Après, une sérénité terrible... Et après, la grâce, cadeau j'l'ai eue !*

André FROSSARD,
Dieu existe, j'l'ai rencontré à la Consolation. (1)

(1) En bas d'Bab-el-Oued, juste avant Saint-Eugène.

CADEAU (faire)

Offrir, ça fait toujours plaisir, surtout ceux pour qui y a qu'le présent qui compte.

> *Je sais qu'c'est malheureux mais c'est vrai, y en a qu'y font cadeau même la femme.*

Karl JASPERS, *Introduction à la philosophie.*

CAGATE

Du mot *cagada* qu'en espagnol, c'est l'échec le plus total. Par l'extension que ça a pris en Algérie, c'est le gâchis tout à fait où on est jusqu'au cou.

Le matin j'me lève, j'me fais le caoua, allez bon ! Encore un peu j'm'ébouillante la main. J'descends l'escalier du square, mon pied y glisse, une merde d'un bourricot, j'm'étale... Mon pantalon blanc, le malheureux ! Quand la cagade elle commence, hein...

Edouard GLISSANT, *Œuvres poétiques.*

CAGAYOUS

C'est le premier héros de la littérature pataouète. Ses aventures, picaresques et tout, paraissaient dans des fascicules périodiques, le premier en 1896. L'inspiration, elle était très réac : anti-juive, anti-arabe... mais pleine de verve. Pittoresque même puisque c'était illustré par Assus d'abord et après : des z'autes dessinateurs.

Le père de Cagayous, c'était Musette. On a su qu'après que c'était le pseudonyme de Victor, Maurice, Auguste Robinet (y a eu des fuites), 1862-1930.

PREFECTURE D'ALGER
REPOT... 532

Numéro 11 — DIX CENTIMES — 28 Août 1901
Une Livraison tous les Mercredis

LA LANTERNE
DE CAGAYOUS

Par MUSETTE

Alger. — Imp. J. ANGELINI 30, Rue de Constantine

CAISSE DE MORT

Ça a l'air d'un cercueil mais c'est une métaphore mot d'la fin pour dire de quelqu'un qu'il est que dalle, plus bon à rien. Qu'un comme lui, mieux qu'on l'oublie vite et qu'y s'repose en paix oussinon son souvenir va nous pourrir la vie.

— Sans arrêt rien qu'elle râle, jamais j'ai pu l'encaisser, la vérité ! Tout c'qu'elle peut m'dire, muet comme la tombe je reste ! Qu'elle aille se faire une caisse de mort et oilà tout !

Jean-Yves COUSTEAU, *Le Monde du silence.*

CALADE (boire)

Calade, aucun lexicologue dit d'où ça vient (même mes amis espagnols et italiens, très forts soi-disant...) mais à Bab-el-Oued, tout l'monde sait que *boire calade* c'est quand encore un peu on s'noie en tapant le bain en bas la mer.

> *Tout corps plongé dans l'eau*
> *Y peut jusqu'au goulot*
> *Recevoir d'l'eau salée*
> *Tout'cette eau avalée*
> *Quand il a bu calade*
> *Ça peut le rendr'malade*
> *En principe.*

Arthur KOESTLER, *Le Cri d'Archimède.*

CALAMAR

Les Français de France disent : *calmar*, y bouffent le *a* d'abord mais les usages de langue, hein... Donc c'est un mollusque céphalopode, d'la famille des p'tits poulpes, une *sépia* (voir ce mot) qu'on mange la chair cuite mais très fraîche, surtout quand elle est *seiche*.

Les Marseillais disent : supion, que ça a rien à voir avec Supion l'Africain, c'est une aute histoire.

A Alger, on fait les calamars avec le noir qu'ils jettent tandiss qu'à l'armoricaine, c'est vos maîtres-queux qui jettent le noir, chacun ses goûts.

— Dis Bachir, y sont frais tes calamars ? D'après l'air qu'y z'ont, hein...

— Et quel air tu veux qu'ils ont, mes calamars ? L'air qu'ils respirent même qu'y sont plus dans la mer où y respiraient que d'l'eau ?

Roger PRIOURET, *Les études de marché*.

CALBOTE (prendre à la)

L'étymologie elle vient de l'italien *colpetto* que c'est une petite gifle, une tape de rien mais que si on s'retenait pas... A Bab-el-Oued, ça a pris un sens plus fort, c'est frappant, hein ?

Que je l'ai pris à la calbote, vous allez pas, mon Dieu, me jeter la pierre, maintenant ?

L'ANCIEN TESTAMENT, *David et Goliath*.

CALENTITA

Une sorte de flan mais qui s'rait fait de farine de pois chiches cuite dans de l'huile et du sel. Donc une consistance plus moelleuse en haut, sous la fine pellicule dorée — c'est dur à expliquer — mais ça devient plus compact par en bas, jusqu'à la croûte, c'est délicieux tout chaud. L'étymologie (en espagnol, *calentito*, fraîchement chaud ?), personne la connaît et surtout pas l'marchand d'calentita, il a assez à s'occuper, le malheureux, avec tous les gosses qui lui tournent autour. De lui et de sa grande plaque rectangulaire posée sur deux trétaux, où la calentita reste bouillante car elle est recouverte d'un drap pour pas qu'elle refroidisse.

— Entention qu'vous faites pas tomber par terre, salop'ries !

— Allez Slimane, rien qu'ce p'tit bout qui dépasse... Cadeau, sois gentil. J't'en ai ach'té hier, rappell'-toi ! Ma mère elle m'avait donné ma semaine, j'l'ai dépensée toute chez toi !

— Ho ! vous êtes des mendiants ou quoi ? Alli, fouti-moi l'camp ! Les clients, comment qu'y vont vinir avec vos toss comm'di mouches ?

— Comme des mouches pasque ta calentita c'est d'la rh'lah !

— D'la rh'lah ma calentita ? Vous, d'la merde, ouais !

Albert Ducrocq, *L'Origine de la matière.*

CANON

Tiré de l'expression *un boulet d'canon* quand en fotbal on envoie un shoot terribe au goal, qu'on lui troue les filets. Avec le recul, on dit : *Canon !* pour tout c'qui est formidabe, admirabe, étonnant comme tout.

D'abord la fille, vous la trouvez canon et après : qui c'est qui s'entend avec elle ?

Edmond ABOUT, *L'Homme à l'oreille cassée.*

CAO (rester)

Même expression que *rester baba.* Vous l'avez déjà vu ou allez regarder. Ça doit venir de *rester K.-O.,* en tout cas, ça ressemble. Vous êtes surpris (du coup ou d'aute chose) et vous êtes frappé, de stupeur ou du coup.

Quand j'suis rentrée et qu'j'ai vu tous ces Chinois assis sur mon lit, cao j'suis restée !

Gaston LEROUX, *Le Mystère de la chambre jaune.*

CAOUA

Du café, en arabe ils disent *qăhwa.*

Moi, c'est très simple, hein ! Si le matin quand j'me lève j'prends pas l'caoua...

Jean-Paul SARTRE, *La Nausée.*

CAPABE

Ça vient de *capable* en français naturel mais nous, c'est beaucoup plus habile, on l'emploie dans le sens de quelqu'un qu'il est tellement fort que, y faut reconnaître, vous vous inclinez et puis c'est tout.

On lui disait : « Fais un sol », y disait : « Quel sol fais-je ? » On lui disait : « Joue d'la harpe », il disait : « Quelle harpe ai-je ? » A son âge, c'était déjà un grand capabe !

George CUKOR, *Une étoile est née.*

CAS (faire)

Expression pour quand on prend en considération quèque chose. Remarquez que c'est presque pareil en français naturel mais chez nous, y a pluss d'importance attachée.

Sur le moment, la vérité, j'ai pas fait cas. Mais peu à peu, j'me suis dit : Tiens !...

Jean COCTEAU, *L'Aigle à deux têtes.*

CASBAH

Avant, dans tout l'Atlas du Maghreb, c'était une citadelle arabe fortifiée. A Alger, du temps qu'on était, c'était, dans la vieille ville, le quartier le plus pittoresque, la preuve : on l'appelait le quartier réservé, vous voyez pourquoi.

— Ah ! vous dirai-je maman ce qui cause mon tourment ?
— Te fatigue pas ! Ton père qu'est-ce qu'il a dit ? D'abord, service militaire, après seul'ment tu montes à la casbah !

Emmanuel ROBLÈS, *Les Hauteurs de la ville.*

La rue Kléber à Alger.

CASSE PAS UNE (n'en)

Pareil comme conseil que si vous dites à un ami :
« Ne dis rien, fais-moi confiance, reste imperturbabe,
coi ! » « Une », y en a qui pensent qu'en sous-
entendu, c'est ou la baraque, ou la pipe, ou la croûte,
ou une couille, vous connaissez les expressions. Pen-
sez c'que vous voulez, n'en cassez pas une et tout
l'monde s'ra content.

*Au lieu du coca-cola, tu tapes l'anisette ! Au lieu des
hot-dogs, exprès tu manges des merghez ! Y z'exportent ?
peu importe ! Toi : n'en casse pas une !*

J.-J. Servan-Schreiber, *Le Défi américain.*

CASSOUÉLA

Ça qui bout dans la marmite ou dans la casserole (en
espagnol *cazuela*) et par extension lingouistique,
pique-nique qu'on fait sur l'herbe à la campagne
quand y fait beau.

*Tu t'rappelles, Utamaro, les cassouélas qu'on s'tapait
avec les geishas ?*

Thomas Raucat, *L'Honorabe partie de campagne.*

CASTAGNE

Un coup pas terrible qu'on tombe raide à moitié
mort mais pas un coup pour rien quand même.
Prendre à la castagne, donc, c'est faire la bagarre
comme y faut, mais sans s'faire trop trop mal.

*— Et alors, monsieur ! les treize, j'me les ai pris tout
seul à la castagne.*
— Vous en prenez pas un peu à vos treize, non ?

Alexandre Dumas, *Les Quarante-cinq.*

CAUSE (à cause que)

Ça a l'air du français vulgaire, qu'en Algérie on cause pas comme y faut mais total, l'explication : c'est une innovation dialectale ! Et alors là, hein, vous pouvez pas dire...

Quand on se dit : « Non, j'veux pas penser à cette femme » et qu'on réfléchit, et ben c'est à cause tout simplement que quand on a une idée en tête, on l'a pas au derrière ! Ou alors ce s'rait pas une idée maîtresse.

Carl J. JUNG,
Dialectique du moi et de l'inconscient.

CHALLAH QUE

En arabe, c'est dans le sens propre et religieux (pour les musulmans, les ablutions c'est sacré) de : *Plaise à Allah que...*

— J'suis docteur, madame, mais j'peux rien vous dire de pluss ! Challah qu'elle ait rien que des boutons comme ça !

Marguerite DURAS, *Hiroshima mon amour.*

CHAOUCH

En arabe, avant c'était un employé d'leur Administration et après, c'est devenu un serviteur, bon à tout faire soi-disant.

Alors j'l'ai regardé avec bonté et je li'ai dit : « Oui, porte-moi le caoua mais pasque j'suis ton père et pas pasque ti'es un chaouch ! Ti'es un serviteur de Dieu comme moi ! »

Béatrix BECK et Jean AICARD,
Léon Maurin des Maures, prêtre.

CHÈCHE

De l'arabe *šāš*, c'est une sorte de mousseline qu'ils s'enroulent autour du crâne pour faire couvre-chef, mais c'est des soldats d'la troupe.

— J'li'ai dit : « Ho ! Comme ça tu t'présentes devant moi ? Ti'as perdu la tête ou quoi ? Et ton chèche ? »

Maurice BARRÈS, L'Appel du soldat.

CHÈ CHÈ

Expression pour quand on n'a pas d'souci, qu'on fait pas trop cas des tracas, qu'on est tranquille, quoi !

Quand même quand je pense ! la mer, le soleil, l'anisette glacée quand y faisait trop chaud... Tandiss que maint'nant avec leur ciel pourri ! On vit chè chè, va ! On s'régale !

MILTON, Le Paradis perdu.

CHÉCHIA

Comme un *chèche* mais pas en mousseline mais en sorte de feutre. Donc en pluss, on se l'enroule pas autour de la tête mais on s'le porte dessur. De l'arabe *šāšiya*, c'est un chapeau, vous comprenez ?

Y a des climats comme ça ! Ou à droite ou à gauche, la chéchia pour s'la garder sur la tête !...

Pearl BUCK, Vent d'est, vent d'ouest.

CHERCHER

Nous, c'est pas dans le sens d'aller à la découverte de quèque chose qu'on emploie ce verbe. Nous, c'est quand on va trouver quelqu'un pour s'disputer.

L'expression courante c'est : « *Çuilà qui m'cherche, y m'trouve, la mort de ses osses !* »

— *Arlèche pourquoi ti'es un bon musulman et tu fais pas l'ramadan ?*
— *Ho ! tu m'cherches ?*

Marcel PROUST, *A la recherche du mahométan perdu.*

CHOSE (la même)

Au lieu de dire *pareil* ou *kif kif* (voir ces mots) des fois on dit : *la même chose,* c'est identique comme expression.

— *J't'avertis, j'reste pas là, hein ! Où j'me mets, on m'pince les fesses !*
— *Où tu veux aller, dans l'wagon d'queue ? La même chose comme ici !*

Tennessee WILLIAMS, *Un tramway nommé Désir.*

CHOUF !

Mot arabe, ça se voit, qui veut dire « Regarde ! » justement.

> *Sur mes papiers d'épicier*
> *Sur ma vie je suis pas bègue*
> *Sur mes yeux je te répète*
> *Chouf leurs*
> *Choux-fleurs*

Paul ELUARD, *Donner à voir.*

CHOU-FLEUR (se tenir le)

Expression de vos sentiments les meilleurs pour dire que vous êtes amoureux, c'est terribe! Elle vous trouve chou, elle tombe comme une fleur, vous faites la liaison.

Je li'ai dit : « Ti'as un corps !... Des nichons... » Ça fait cornichon, je sais, mais elle : rouge comme une tomate ! Alors tout d'suite j'ai vu que les carottes elles étaient cuites et que j'me tenais pas le chou-fleur pour rien.

LE GUIDE BLEU DE LA MACÉDOINE.

CHOUIA

De l'arabe *swïya*, c'est en terme quantitatif : un peu pas bézèf, un peu pas grand-chose. Ou si vous voulez : moitié pas tellement tellement, moitié presque rien. Plus ou moins, hein !...

— Allez, j't'en prie, encore un p'tit chouïa...
— C'est ça ! Et ma sœur, tu la veux pas aussi, pour faire bon poids ?

Blaise CENDRARS, *Trop c'est trop.*

CINQ

En chiffre arabe : *rhamsa*. Porte chance, c'est c'qui compte dans la vie. La main de fatma (à cause des cinq doigts) c'est le symbole. Comme en France leur expression quand quèque chose d'important va se décider : « J'te dis les cinq lettres. »

Elle a enl'vé sa robe, je li'ai vu son nombril, je li'ai dit : « La chance que ti'as, ma fille ! Rhamsa j'vais t'faire... »

Alphonse ALLAIS, *Le Nombril en forme de cinq.*

CINQ (tape)

On dit ça, en frappant fort avec sa main ouverte la paume de l'aute, pour bien lui faire voir qu'on est d'accord avec lui.

— On lui cambriole les centaines de millions qu'elle a ?
— Tape cinq, on lui tape !

Jules VERNE,
Les Cinq cents millions de la Begum.

CINQ (moins)

Tout l'monde croit qu'c'est du français naturel mais c'est né à Bab-el-Oued, cette expression, oilà l'explication. Aux Trois z'Horloges, quand on s'donne rendez-vous, si vous venez d'l'av'nue d'la Bouzaréa, ou du marché d'Bab-el-Oued, ou du terminus du tram, c'est pas la même heure que vous voyez. Les trois z'horloges, une elle marque une heure, l'aute une aute et la troisième : elle a pas l'temps d'être exacte. Donc chaque fois qu'on a rendez-vous, toujours un qu'il arrive en retard et qu'il dit : « Moins cinq et vous m'ratez, hein ? »

> — *Ce bébé, qu'est-ce qu'il est pour moi ?*
> — *Ta cousine au 2ᵉ degré.*
> — *Moins cinq j'suis son oncle, dis !*

Claude LÉVI-STRAUSS,
Structures élémentaires de la parenté.

CINQ DANS TES YEUX !

Là, tout l'contraire, c'est pour éloigner le mauvais sort quand on vous met les yeux.

— *Allez vas-y mon gars ! Ti'as pas une chance de revenir, by Jove, mais après tout, hein, j'me mets peut-ête le doigt dans l'œil...*
— *Cinq dans vos yeux, mon adjudant !*

Stephen CRANE, *La Conquête du courage.*

CLAOUIS (les)

De l'arabe *qalwa* (pluriel *qlawi*) c'est leurs testicules. On en a fait tout d'suite usage en France, dans leur « milieu ».

— *J't'ai trouvé la femme, mon camarade ? Bon ! alors casbah les claouis s'il te plaît, ti m'fras blizir !*

John STEINBECK, *Des souris et des hommes.*

COCA (donner une)

La coca, vous mettez la main à la pâte, et la pâte : c'est d'la farine, de l'huile, du sel, et des poivrons, tomates, anchois et des fois des oignons, ça dépend des goûts qu'vous avez.
Cuite au four ou frite, la coca elle vous gonfle, toute dorée. C'est pour ça qu'on dit qu'on *donne une coca* à quelqu'un quand on veut que sa tête adorée elle lui gonfle d'un coup.

« *Faut qu'j'réfléchis, j'li'ai dit, l'appartenance au parti, c't'une grave décision.* » *La coca qu'y m'a donnée, mon coco !...*

André STILL, *Le Premier choc.*

CŒUR (tu m'as pourri le)

Expression pour quand vous avez le cœur lourd comme tout, que la femme de vot'vie, cette pourriture, par exemple, vient de vous dire qu'elle part avec Paulo.

— Et oilà ! J'ai voulu avoir le cœur net...
— Et elle t'a pourri le cœur ? Allez, te fais pas d'mauvais sang...

CRÉBILLON,
Les Égarements du cœur et de l'esprit.

COUFFIN

De l'arabe *coufa*, c't'un filet à provisions en fibres de j'sais pas quoi tressées, toutes les femmes qui faisaient leur marché à Bab-el-Oued en avaient. Qu'est-ce qu'on rigolait, tous les gosses, quand en courant comme des fous, on leur faisait tomber, soidisant sans faire exprès ! On les aidait à ramasser tout et chaque fois : les tomates écrasées dans les œufs et les sardines, quel bagali (voir ce mot) !

— Deux francs cinquante le kilo, de cette qualité ? Vous voulez pas aussi, tant qu'vous êtes, que j'vous les mets dans l'couffin et qu'j'vous l'porte chez vous ?

John STEINBECK, *Les raisins de la colère.*

Les maisons de la Casbah.

COULO

Quand on le prend au mot sexuel, c'est ça, justement ! Ça vient de l'espagnol *culo,* pas du grec et pourtant...

C'est vrai qu'il est gentil, ce coulo ! Ma parole, tu lui demanderais la lune...

Tacite, *Annales.*

COUP DE TÊTE EMPOISONNÉ

Coup de tête qu'on donne (ou qu'on reçoit des fois) dans le plexus solaire (pas lunaire) que les sangs y vous tournent, vous devenez vert, rouge, jaune comme si de la strychnine elle vous serait restée sur l'estomac.

Pour d'l'action, y a d'l'action, on peut pas dire. Ça vous prend là, ma parole ! A un moment, Gary Copère, y reçoit un d'ces coups de tête empoisonnés !...

Jean Hougron, *Soleil au ventre.*

COUSCOUS

De l'arabe *kuskus*, c'est d'la semoule que vous roulez, vous roulez dans un couscoussier, ça marche à la vapeur. On le mange avec du beurre arabe et du p'tit lait, ou avec des raisins, ou avec d'la viande, d'la loubia ou même (mais c'est très spécial) avec du poisson. On devrait dire : couscous à la semoule marinière, pourquoi pas ?

— Et qui c'est ces Cohen-Solal ? J'sais pas quoi leur faire hein ?
— Te casse pas la tête, ma chérie ! Un bon couscous ce s'ra très bien, tu verras !

André GIDE, *Si le grain ne meurt.*

COUSCOUS (figure de)

Un indigène, en péjoratif.

Ces figur's de couscous
Y t'pouss'nt dans leur pousse-pousse
Jusqu'à qu'tu dis : « Pouce ! Pouce ! »

Jacqueline SUSANN, *Love ma Chine.*

CRIER

C'est pas rien que hurler, en colère comme tout, c'est, en même temps, morigéner.

Ti'es pas un peu folle, ma fille, de mettre du rouge à lèvres Max Factor ? Tu veux qu'la Mère Supérieure encore elle nous crie ?

MONTHERLANT, *Dialogue des Vacarmélites.*

CRIER UN PEU DOUCEMENT

C'est crier mais sans faire carnaval, que tous les voisins vous entendent. Ou alors il faut fermer la fenêtre, on s'emportera pas plus mal.

— Ho! mère-grand, pourquoi que vous avez de grandes z'oreilles ?
— Ho! tu peux pas crier un peu douc'ment, non ?

Emily BRONTË, *Les Ho! de Hurlement.*

CROUILLAT

Voir *Bicot, Bougnoule, Melon, Raton, Tronc d'figuier*. Kif kif comme définition : un Arabe d'Algérie en péjoratif.

L'origine, j'veux pas sa'oir, elle est raciste. La citation « littérature »? Citation à comparaître ça mérit'rait, ouais !

ÇUILÀ, ÇUILÀ-LÀ

En France, en parlant de quelqu'un, vous dites : *celui-là*. Nous, comme on est plus rapide, on dit : *çuilà*. On dit des fois : *çuilà-là*, pour faire encore pluss détendu.

Le matin, çuilà-là qui peut pas se regarder en face dans une glace, il est foutu ! Ou alors c'est la glace qui...

Lewis CARROLL, *De l'aute côté du miroir.*

DACHE (chez)

Paul de Sémant, en 1906, il a écrit un roman : *Dache, perruquier des Zouaves*. Vous direz qu'c'est tiré par les ch'veux mais l'expression *Va chez Dache !* pour dire à quelqu'un qu'il aille au diable, ça vient de là, c'est comme ça. Et Jacques Cellard et Alain Rey qu'y vont chercher l'origine (*Dictionnaire du Français non conventionnel*) dans une francisation de l'italien *diachine* ou dans la finale de l'allemand *kladderadatch* qui s'détache... J'veux pas les chercher mais hein !...

— Comme du feu j'étais ! Alors j'li'ai dit : « Allez, va chez Dache, va ! » Tu sais où il est allé, cet abruti ?

Malcolm LOWRY, *Au-dessous du volcan.*

DANSE DU VENTRE

Danse arabe érotique comme tout où la danseuse mauresque bouge ses bras comme des serpents qui vont vous enlacer mais surtout ses hanches elles ondulent j'sais pas comment vous dire. Elles parlent d'elles-mêmes. Même si c'est d'l'arabe, vous comprenez tout d'suite. Effet de l'art de la danse, d'accord ! mais une danse du ventre c'est vraiment de l'art qui vous fait d'l'effet.

— Tu sais, ma fille, les hommes... Quand y sont bien installés dans des coussins, tu leur fais une bonne danse du ventre...

Margaret MITCHELL, *Autant en emporte le ventre.*

DÉGAGE !

Impératif courant pour dire à quelqu'un qu'y f'rait mieux d'aller chez sa mère plutôt que... bon ! on en reste là.

> — *Allez, tu dégages un peu, ouais, toi et ton Tiers-État ?*
> — *Aouah ? On est ici par la volonté du peupe et pour nous jeter, mieux qu'tu mets la baïonnette au canon !*

MICHELET,
Les États Généraux, l'ambiance qu'y avait.

DESSUR

C'est *dessus*, vous avez deviné. Ceci posé, *dessur*, ça fait pluss appuyé, plus volontaire. Je vous tombe *dessus*, c'est pas moins fort que *je vous tombe dessur ?* En tout cas, ça en a pluss l'r.

> — *Tu crois que j'vais t'croire que Lao Tseu y cultivait le Tao et le tabac en même temps ?*
> — *Tu m'craches dessur si c'est pas vrai.*

ÉTIEMBLE, *Connaissance de la Chine.*

DINN I MEK

Contraction du *naal dinn i mek !* qu'en arabe c'est : « La religion de ta mère soit maudite. » Plus détendu, on dit : *J'vais t'casser la dinn i mek* à quelqu'un quand on veut lui éclairer la religion sur c'qui va lui tomber sur la tête, du ciel ou d'ailleurs, si y continue.

— Ma patience, elle a des limites, hein ? Tu veux qu'j'te casse la dinn i mek ?
— C'est ça ! Et toi après, tu t'cass'ras la tête pour retrouver tes morceaux.

Georges FRIEDMANN, *Le Travail en miettes.*

DIS !

Dans leur français naturel populaire de la métropole, ils disent : *Dis donc !* Nous on n'a pas le *donc,* donc...

— Sur la mer calmée et le coup de midi, le temps s'est refroidi, dis ! Le bateau a bondi et le lieutenant fier z'et hardi...
— Ne m'dis pas, dis !

COLERIDGE, *Le Dit du Vieux Marin.*

DIS (ho)

Quand on dit *Ho dis !* c'est pour souligner une protestation exclamative.

— Bon, à Troie on part, hein ?
— Ho dis, c'est l'Odyssée déjà ?

HOMÈRE, *L'Iliade.*

DJEBEL

De l'arabe *jbèl*, c'est : mont, montagne. Dans le Djurdjura, dans l'Aurès, c'est pas ça qui manque.

Je li'ai dit : « Ti'es belle ! » elle a compris « Djebel » sûr'ment, et oilà ! elle en a fait une montagne...

Emmanuel ROBLÈS, Maria de l'Aurès.

DJELLABA

Comme une cape mais avec un capuchon et des manches très vagues que les Arabes portent. Ils l'écrivent *jallāba*, avec leurs caractères propres, bien sûr.

— Levez la main droite et dites...
— J'le jure sur la vie d'ma mère que c'est lui ! Ce vieux dégueulasse, il a levé sa djellaba et...

HEMINGWAY, Le soleil se lève aussi.

DIOCANE

De l'italien, littéralement c'est *Dieu chien !* un juron, pour quand on est aux abois, si vous voulez. En français naturel, vous dites bien *Nom d'un chien !* non ?

— Ti'as vu ça, dans les églises, diocane ? Les saints, comme les chiens on les traite ! Dans des niches y sont !

CRONIN, Les clebs du royaume.

DIOCANE À MADONE !

Diocane ! empiré de *Madone !* pour la prendre en témoin en pluss.

C'était une sainte, cette femme ! Mais le chien qu'elle avait, diocane à madone !

Émile ZOLA, La Faute de l'abbé Mouret.

DOBZER LA CARABASSE

Dobzer c'est frapper très fort, chez les Arabes. Carabasse, c'est *tête* en pataouète, ça vient de *calabaza* qu'en espagnol c'est citrouille. Vous faire voir pluss c'que c'est *dobzer la carabasse*, ça va être coton, hein, j'vous avertis !

La tête comme une citrouille, qu'il avait, tellement on lui avait dobzé la carabasse ! Et comme cette citrouille, comme par enchantement, elle était devenue carosse, tout le monde y disait : « Place, c'est le marquis de Carabasse ! »

Michel BUTOR, La Modification.

DOMMAGE QUE

C'est une économie de verbe qu'on fait, le *c'est* est laissé.

Dommage, quand même, que ti'es pas rien qu'ma femme ! On f'rait un beau couple, la vérité ?

Graham GREENE, Le Troisième homme.

DOMMAGE (marque)

Ça veut dire *Tant pis !* et voyez comme ça tombe : obligé que vous alliez plus loin, à MARQUE DOMMÂGE ! pour l'explication complète. Ça fait rien ?

DONNER

Nous, ce verbe, c'est pas dans le sens de l'offre. J'vous l'ai déjà dit, on dit alors *faire cadeau.* Nous, *donner,* c'est un verbe actif mais dans le sens fort de *frapper.* A quelqu'un on lui *donne* la *castagne,* un *taquet,* la *botcha,* une *calbote,* etc. Vous voyez le coup ?

— *Mon cher, tu peux le prendre comme tu veux.*
— *Aouah ? Et moi tu veux que je te donne ?*

CLAUDEL, L'Échange.

DONNER LE COMPTE

J'ai affaire avec vous, affaire d'honneur bien sûr, je suis pas d'un commerce agréabe, pourquoi ? C'est très simple : je vous donne le compte ! Que vous avez plus, après, qu'à déposer vot'bilan et à passer profits et pertes et fracas.

— *Et la Comtesse ?*
— *On li'a donné son compte.*

Jean ANOUILH, L'Invitation au château.

DONNER SA MÈRE

C'est « donner le compte » mais dans une affaire de famille. Surtout qu'y a un arrière-plan d'insulte érotique.

La sœur, elle s'est débattue, elle a crié « Mon Dieu ! ». Je li'ai dit en rigolant « Tu vas crier : Manman ! » et je li'ai donné sa mère.

FAULKNER, *Requiem pour une nonne.*

DOULEUR (comprendre sa)

C'est quand on réalise sans mal que aïe ! c'qui vous tombe sur la tête, c'est malheureux quand même, quel sale coup !

— Cet après-midi, mon chéri, j'ai été voir les collections d'hiver... J'ai du mal à choisir.
— Ça va, j'ai compris ma douleur !

Françoise SAGAN, *La Robe mauve de Valentine.*

EAU DES OLIVES (changer l')

Regardez à OLIVES (changer l'eau des) vous serez à la page, j'vous expliquerai.

ENCORE UN PEU

C'est pas quantitatif comme expression mais pour dire qu'heureusement on a le self-control pasque sinon, on perdrait contenance complètement.

Par le Sphinx, quand j'ai vu qu'elle était ma mère, encore un peu je pleure, ma parole !

SOPHOCLE, *Œdipe roi.*

ENTENTION

En pataouète, on fait pas attention qu'on l'emploie pour attention ou pour intention.

— Tu fais bien entention, ma fille, qu'il a de bonnes ententions, hein ?

Heinrich BÖLL, *L'honneur perdu de Katharina Blum.*

EN CAS QUE

Hypothèse qu'y faut toujours prévoir, qui c'est qui sait, les choses comme elles z'arrivent et comment qu'ça tombe ?

Mieux ti'en as toujours à la maison en cas que ti'en as besoin, tu s'ras bien contente, ma chérie !

MUSSET, *Le Chandelier.*

La rue du Regard à Alger.

ENTERRER

Terme sportif pour dire comment l'adversaire, on lui fait mordre la poussière.

— Si j'voulais, comment qu'j'les enterre à tous, au cent mètres !

Alan SILLITOE, *La Solitude d'un coureur de fond.*

ESSUIE-MAINS
POUR LES PIEDS

Dans la salle de bains, y a toujours deux serviettes, hein ? Une pour la figure et les mains et l'aute... Si vous les mélangez pour tout vous essuyer, vous comprenez que pour l'hygiène...

Mais ti'es pas fou, non ? Qu'est-ce tu vas encore m'attraper sur la figure si tu l'essuies avec l'essuie-mains pour les pieds ?

Louis PERGAUD, *La Guerre des boutons.*

ESTOCAFITCHE
(maigre comme une)

Expression pour dire d'un que le pauve il est aussi plat et sec qu'une morue salée et tassée. Les Espagnols sont allés l'pêcher chez les Anglais (*stockfish*) et nous, on l'a accommodé en pataouète.

— Monsieur Torrégrossa, souffrez que j'vous l'dis, hein ! Si vous voulez devenir maigre comme une estoca-fitche...

Henri BÉRAUD, *Le Martyre de l'obèse.*

ET ALORS ?

Sursaut de fierté qu'on a quand les z'autes croient pas qu'on est des capabes.

— Alors comme ça, mon Dieu, ti'as la foi ?
— Et alors, qu'est-ce tu crois ?

LAMENNAIS, Paroles d'un croyant.

— ET ALORS ? — ET OILÀ !

Quand un patos rencontre un aute patos, comment qu'y se gaussent, la mort de leurs z'osses ? Un : « *Comment vas-tu... yau de poêle ?* » et l'aute : « *Pas mal et toi... la matelas* », c'est fin comme un couffin.

Quand un angliche rencontre un aute angliche, quel est leur speech ? « *How do you do ? — How do you do ?* » quels perroquets, ma parole ! Nous z'autes, à Bab-el-Oued, un y s'informe poliment : « *Et alors ?* » et l'aute, philosophe, y rétorque : « *Et oilà !* », c'est les banalités du sage.

Tout bronzé il était mais pas noir. J'sais pas c'qui m'a pris mais au lieu d'lui dire « Et alors ? » pour qu'y m'répond : « Et oilà ! », j'me découvre, y s'découvre et qu'est-ce que j'lui dis ?

STANLEY, Docteur Livingstone, I presume.

ET TOUT !

Solution de facilité, y a pas d'problème, qui vous dispense de la fatigue supplémentaire de chercher encore quèque chose pour bien vous faire comprendre. Surtout qu'en définitive ce s'rait superflu complètement.

Dieu qui est tout amour et qui a fait la création du monde et tout ne peut faire, mon ami, que je sois toute à vous et pas rien qu'à lui, c'est tout !

Marianne ALCOFORADO,
Les Lettres de la religieuse portugaise.

FAIRE

Ce verbe, en Algérie, ça s'fait de l'employer pour avoir des expressions faciles comme tout à composer : *faire cadeau, faire fiancé, faire une olive, faire la tchatche, faire militaire, faire fâché, faire figa.*

En somme, pour toi, faire le lit et le reste, comme bonne à tout faire, d'accord, mais faire fiancé, ça ! rien à faire, hein ? Ça fait rien, va !...

Octave MIRBEAU, *Journal d'une femme de chambre.*

FAIRE FÂCHÉ

Être fâché, se fâcher, j'regrette, c'est plus châtié peut-ête mais moins nerveux comme style que *faire fâché.* On voit mieux qu'y a d'l'action, c'est pluss expressif. Vous êtes contrarié ?

*Bon ! ti'es montée contre moi, j'étais monté contre toi...
On va pas maintenant faire fâché ! Quand même, sois
raisonnabe...*

SADE, *La Philosophie dans le boudoir.*

FAIRE LE FOU

C'est une action que de gosse, un jeu d'enfant idiot.
C'est d'la folie tell'ment qu'il fait l'imbécile, oilà ! Il
est pas fou à lier, c'est un gosse attachant mais... on
peut pas l'tenir, vous comprenez ?

*— Ma chérie, sois gentille, va voir c'qu'y font tes
gosses dans leur chambre, y vont tout m'casser.
— Ti'as vu c'qu'il a dit le pédiatre ?
— Je sais ! ! ! Un enfant, c'est normal qu'y fait le fou
et moi faut qu'je sois raisonnabe.*

Maurice DRUON, *Les Grandes Familles.*

FAIRE SENTIR

Expression pour, quand vous êtes trop timide, tout
juste si vous vous ouvrez de vos intentions pour que
l'aute comprenne quand même. Vous voyez c'que
j'veux dire ?

*— Bon, tu l'fréquentes. Mais il veut t'épouser, au
moins ?
— Y m'l'a pas dit mais y m'l'a fait sentir.*

Hélène CIXOUS, *Les Commencements.*

FAITES-MOI CONFIANCE

Expression pour dire : faut vous rassurer quand même. On n'est pas des boudjadis, on sait c'qu'on dit.

J'ai toujours aimé les gosses, la vérité ! Mais alors quand j'ai appris comment qu'on les faisait, avec des jolies femmes, alors faites-moi confiance que, hein...

Arthur RIMBAUD, *Les Illuminations.*

FALAMPO

Hypocrite comme tout mais comme y a une justice on voit tout d'suite qu'y fait faux et usage de faux.

Ce Judas ! Pour trente deniers, qué falampo quand même !

DANIEL-ROPS, *Jésus en son temps.*

FALSO

Pareil que *falampo* avec la nuance qu'en pluss, il est lâcheur.

Ce Judas ! Pour trente deniers, qué falso quand même !

DANIEL-ROPS, *Jésus en son deuxième temps.*

FANTASIA

Fête où les Arabes galopent avec leurs chevaux arabes, les font cabrer, tirent des coups d'fusil à blanc. Pour faire la guerre semblant, jeter d'la poudre aux cieux.

— J'te dis, purée, qu'y fait fantasia ! Y monte sur ses grands chevaux soi-disant et total...

CHEIK Z'BIR, *Beaucoup de bruit pour rien.*

FARTASSE

A l'origine arabe, *fartās* au sens propre, c'est un qu'il a la teigne : ses cheveux qui lui tombent, des plaques partout, y s'gratte... Et puis, en métaphorique, il est devenu un moche, un moins que rien et même des fois : un moitié homme-moitié femme.

— Alors toi tu vois rien, hein ? Tu vois pas qu'il est pluss maille à l'envers que maille à l'endroit, ce fartasse ?

Pascal LAINÉ, *La Dentellière.*

FATIGUÉ

Pas cet état où on est après des efforts terribles ou qu'y fait une chaleur à crever, non ! Nous z'autes, on en fait une maladie.

> — *Salope ! Pourquoi ti'as pas travaillé, hier ?*
> — *J'étais un peu fatiguée.*

Jean-Paul SARTRE, *La P... respectueuse.*

FATIGUE SUPPLÉMENTAIRE

Effort qu'on f'rait pour rien, à quoi ça sert de se crever pour des cacaouettes, franch'ment ?

> — *Répète un peu, pour voir ?*
> — *C'est ça, pour que j'me fais une fatigue supplémentaire !*

Maurice PARESSE, *Le Roman de l'énergie nationale.*

FATMA

On dit aussi *Fatima*, c'était le nom de la fille aînée du Prophète. Depuis, toutes les femmes, on les appelle des fatmas, moitié en péjoratif gentil, moitié qu'c'est souvent leur prénom. On dit aussi *mauresque* ou *mouquère*, pareil comme genre. Féminin, vous verrez plus loin.

> *Et si comme nous z'autes, vous feriez dans vos gourbis le M.L.F., Mouv'ment de Libération des Fatmas ?*

Gisèle HALIMI, *La Cause des femmes.*

FELFEL

C'est du piquant arabe moitié poivron moitié piment rouge, c'est très fort.

J't'le dis, hein ! Cette fille, c'est pas du piquant qu'elle a, c'est du felfel !

Raphaële BILLETDOUX,
Prends garde à la douceur des choses.

FÊTES ARABES

• ACHOURÂ

Comme pour eux ça évoque des événements catastrophes (la fin du monde, la mort d'El Hosaïne, un grand saint etc.) ils n'en font pas une vraie fête avec réjouissance et tout, mais nous oui car on avait congé.

• LE MOULOUD

Anniversaire du jour où il est né leur divin prophète. Leur Noël, quoi ! Donc congé : personne en activité, tous en nativité !

• L'AÏD EL KEBIR

Fête du mouton, faites du méchoui (voir ce mot) chez vous ! Cette réjouissance, c'est pour se rapp'ler le sacrifice d'Isaac par Abraham (pour les Arabes avec leur accent : Ibrahim). On avait tous congé, pour les patrons, c'était pas un grand sacrifice.

• LE RAMADAN

Une sorte de Kippour où eux, c'est tout un mois qu'y font carême. Nous autes, c'est pour le congé qu'on s'faisait ceinture.

FIGA (faire)

Bon, vous savez de quel fruit défendu on parle donc vous devinez que faire figa c'est rater son coup, marque dommage.

> *— Avec Marie-Lucie, Julien y m'a dit qu'il s'est tapé un vrai festin tout'la nuit.*
> *— Vrai festin ? Festintin, ouais ! Demande-lui à Marie-Lucie : il a tout essayé, le malheureux ! Figa sur tout'la ligne.*

J.-F. Revel, Un Festin en paroles.

FIGA DE TA OUÈLA (la)

Chez les Aragono-catalans, la *figa* c'est la figue et la *abuela*, une femme vieille. L'accouplement des deux c'est une insulte obscène. Vous voyez de quelle figue sèche de vot'grand-mère j'vous parle.

> *— Avec une figure comme ti'as, va, va réclamer des dommages et enterrés à la figa de ta ouèla !*

Marcel Aymé, La Tête des autres.

FISSA !

En arabe, ça veut dire *vite*. Alors nous z'autes, d'abord pour le dire aux Arabes et qu'après entre nous on a pris l'habitude, on disait toujours *Fissa !* pour presser le mouv'ment.

— Bon alors, ces pass'ports ? Vous les mettez, ces fissa...

Paul MORAND, *L'Homme pressé.*

FLOUSS

C'est d'l'argent, de poche ou d'côté. D'où vient l'argent ? De l'arabe *flūs*, une ancienne monnaie et pourquoi pas ? du grec *phollis*, petite monnaie.

— Ma chérie, c'est pas vrai !
— Quoi ? Qu'est-ce y a ?
— Un oncle qu'on s'connaissait pas ! Il est mort, le pauve, mais il était très riche, y m'laisse tout son flouss...
— Y a d'la chance que pour la canaille, hein ?
— Ho ! J'm'hérite, non ?

VORAGINE, *La Légende dorée.*

FORCÉ QUE

C'est un tour conjonctif pour dire que la conjoncture, même qu'on veut pas, comment qu'on pourrait faire autrement ? Le destin inéluctabe, obligé qu'il arrive comme il arrive, comme y tombe, y tombe !

Tous les jours vous faites la vaisselle, forcé qu'un jour, une assiette, paf !

Sacha GUITRY, *Mon père avait raison.*

FORMIDABE !

C'est l'adjectif *formidable* en français naturel, qu'on en a fait un adverbe, en enlevant comme d'habitude la lettre *l* de la fin pour prononcer plus facile. *Terribe cette robe ! Formidabe ce couscous !* Ça met l'accent, vous voyez, sur le « signifiant-signifié », que c'est encore mieux et pluss que si c'était très bien seulement.

> — *C'est terribe, quand même que tu l'trouves pas formidabe Proust !*
> — *Ouais.*

Marguerite DURAS, Moderato cantabile.

FOURACHAUX

Ça a l'air d'être un qui travaille dans les fours à chaux, en haut de la Basseta, mais non : c'est un glissement lingouistique de *borracho* en espagnol (voir à *bourratcho*) : un, il est pluss badigeonné au Royal Kébir qu'à la chaux.

> *J'm'ai dit : « A quoi ça rime ? Chaque amour, j'fais un four ! Mieux qu'avec le « Four roses » je fais le fourachaux ! »*

Luc DIETRICH, Le Bonheur des Tristes.

FOURBI

Littré et tous les z'autes, y vous disent que c'est d'l'argot vieilli, mais nous en Algérie, on est sûrs qu'c'est d'l'arabe. Un, pasque ça a l'air, deux, on dit toujours *C'est un fourbi arabe* quand c'est un vrai capharnaüm et trois : ça rime à quèque chose au moins (*gourbi, akarbi...*) comme explication.

Qu'est-ce c'est ce travail, franch'ment ? Comme ça, ti'as fourbi tes armes ? Fourbi tes armes ou fourbi arabe ?

GYP, *Le Mariage de Chiffon*.

FRANÇAIS NATUREL

Parler réglementaire, c'est la faute à Voltaire, et orthodoxe, atso, c'est la faute à Rousseau, que les Français de France apprennent dans le Littré ou dans le Journal Officiel.

Des fois en pataouète, des fois en français naturel, tout dépend ! Mon interlocuteur, qu'est-ce vous voulez qu'je vous dise ? Ou il est frangao ou il est d'la Basseta !

SAINTE-BEUVE, *Causeries du lundi*.

FRANGAO

Français à part entière comme nous z'autes à part que lui, il est autochtone de la métropole, pas d'Algérie. Y parle rien qu'en français naturel ou en breton ou en occitan. Au pluriel, c'est frangaoui, et en synonyme : *patos*.

Ce lieutenant de mes couilles, tu vois pas, purée, que c'est un frangao qu'y parle pas le français naturel mais un français bâtard ? Que regarde comme c'est drôle, fils : naturel, c'est bâtard, justement !

CÉLINE, *Maure à crédit*.

FRÉQUENTER

C'est quand on donne beaucoup rendez-vous à une jeune fille, pour sortir et tout avant de faire fiancé officiel ou pas.

— Et si, Fifine, ensemble tous les deux, tous les jours un peu, on s'étudierait « Critique de la raison pure » ?
— Si tu veux, on frait Kant.

Thierry MAULNIER, *La Fréquentation des philosophes.*

FUSIL D'CHASSE !

Mon tonton Georgeot m'le disait toujours quand j'étais p'tit mais tout l'monde le dit en Algérie avec des nuances différentes. Ou affectueuse (mon oncle Georgeot par exemple : y avait que ma tante Suzy qui était énervée d'l'entendre toujours dire ça). Ou pas très gentille pasque symboliquement, si on vous dit *Fusil d'chasse !* vous pouvez vous sentir visé, on croit que vous êtes dur à la détente.

C't'un fusil d'chasse, j'te dis ! On peut rien en tirer...

HEMINGWAY, *L'Adieu aux armes.*

GAMATE (jouer comme une)

D'où ça vient, on sait pas mais comme sens, on est sûr. Une gamate, c'est un, on croyait qu'il était capabe et total : un moins que rien et encore !

Les nerfs tendus, tout le corps prêt à la détente, il savait que l'aute jouait comme une gamate, mais...

Peter HANDKE,
L'Angoisse du gardien de but avant le pénalty.

Lessives à la Calera.

GAMBETTE (faire une)

De l'italien *gambata*, cette expression elle consiste à mettre votre pied en travers de la jambe de l'aute, exprès pour qu'y tombe du croc-en-jambe.

Après avoir tourné autour d'la table, juste j'allais atteindre la desserte quand avec le pied du fauteuil, paf! une gambette, j'tombe au tapis.

Xavier DE MAISTRE, *Voyage autour de ma chambre.*

GANDOURA

C't'une tunique longue blousante, les spahis en portaient et après tous les Arabes même civils. Ils disent *gandōra* et elle est toute blanche, des fois brodée.

— Alors tu crois que pasqu'y mange pas d'cochon et qu'il a la gandoura, ça y est, il a pas l'air très catholique?

Guy BETCHEL, *Les Melons.*

GARGOULETTE

C'est du français naturel de Marseille, ça nous sert comme à eux de cruche poreuse. L'évaporation qu'ça fait rafraîchit l'eau, c'était plus sain qu'le frigidaire et moins cher, ça réduisait les frais d'la maison.

Son eau fraîche ell'fuit goutte à goutte
Ce soir, qu'est-c'qu'y va dir', papa!
Peut-ête y verra pas? Ecoute,
Félée elle est, mieux tu touch's pas.

Sully PRUDHOMME, *La Gargoulette brisée.*

GAVATCHO

Les Espagnols, avant qu'y ait plus de Pyrénées, y z'appelaient comme ça les Français de France pourquoi, pour eux à l'époque, c'étaient rien que des habitants du pays des Gaves. Quand y sont venus, bien après, en Algérie française, le mot il est resté en péjoratif pour dire de quelqu'un qu'il est un peu mélangé, moitié comme ci moitié comme ça.

Aujourd'hui, mon cher fiancé, j'ai le cafard comme tout. Ma mère elle m'a dit : « Ce gavatcho fini, tu veux qu'y rentre dans la famille ? »

Robert MUSIL, *L'Homme sans qualités.*

GAZ (être de)

C'est quand le vin est tiré et qu'on l'a bu, l'expérience de l'ivresse que vous pouvez faire des fois à tête reposée.

Les vapeurs éthyliques elles me sont montées à la tête, j'me suis senti léger, léger, moins lourd que l'air. Volatil complèt'ment. Et j'ai titubé tell'ment j'étais ému. « Ho ! que j'me suis dit, ti'es de gaz ou quoi ? »

LAVOISIER, *Traité élémentaire de chimie.*

GIGASSE

Ça doit venir de *gigue*, ça se dit d'une grande fille toute simple quand on la toise d'un drôle d'air.

Petit comme il est, ti'as vu avec quelle gigasse il a fait fiancé ?

SHAKESPEARE, *Mesure pour mesure.*

GONFLE (être tout)

C'est pas en verbe qu'on l'emploie, nous, mais en adjectif. Quand on monte un œil à quelqu'un ou aute chose qui peut prendre des proportions.

La pilule, ça empêche les femmes d'avoir le ballon mais c'est vrai que des fois, ça les fait devenir toutes gonfles. De cellulite, pas de fécondité.

Élie FAURE, L'Esprit des formes.

GOULAFFE

L'origine étymologique, on la connaît pas, c'est pas la peine d'en faire un plat et pourtant... C'est vrai, la définition de goulaffe : un qui tombe tellement d'ina-nition, le malheureux, qu'y tomb'rait sur n'importe quoi de comestibe, ça tomb'rait bien.

— La vérité, sa figure, sa poitrine, le reste, la pauve, elle était pas gâtée... J'peux pas dire que j'me suis jeté sur elle comme un goulaffe, c'est vrai.

Bernard PINGAUD, L'Amour triste.

GOURBI

De l'arabe algérien *gurbi*, c'est une p'tite maison en torchis qui leur servait d'habitation avant la conquête et même maint'nant si y sont très pauvres.

Le voyage de noces qu'on s'est tapé, avec ma mouquère ! Et pas dans des gourbis, hein !

CÉLINE, D'un château l'aute.

GOUSTO (avoir le)

L'origine, c'est le goût qu'ils ont, les Espagnols (*gusto*) pour n'importe quoi. Nous, en Algérie, c'est l'attrait très vif qu'on a pour l'âme sœur, quand on a un penchant pour elle et qu'on veut s'la tomber.

— Cette gorge que ti'as, mon amour, ça me donne le gousto, tu peux pas sa'oir !
— Je sais, tu veux boire un cou ?

Bram STOKER, Dracula.

GUITCHE (être)

Ça vient de l'italien *bircio* : louche, bigle. Un qu'il est guitche, lui, ça lui vient d'une tache blanche, d'un strabisme ou aute chose visible qu'il a dans un œil.

Ses yeux sont si profonds qu'en me penchant pour boire
J'me suis rapp'lé qu'avant, quand j'fréquentais Lucie
Qu'ell'm'a tapé dans l'œil, sûr'ment c'était comm'si
Mon œil il était guitche ou alors j'peux pas croire

ARAGON, Les Yeux d'Elsa.

GUITOUNE

C't'une tente arabe : *gētōn*. Y en a, c'est des Juifs, ils s'appellent Guitoun, c'est leur nom propre, ça vient de là peut-ête, en tout cas, y sont bien installés.

— Et tu restes là planté pendant qu'nous z'autes on plante la guitoune ?

Maxime DU CAMP, Œuvres.

HAÏK

C'est les beaux draps qu'elles s'enroulent sur elles, les fatmas pour s'habiller. Qu'après elles n'ont plus qu'à mettre les voiles pour sortir.

— Ni j'aime la mode des Esquimaudes, la robe chinoise, le boubou des Zouloutes...
— Le haïk des mauresques, ti'aimes ?
— Non.
— Alors ti'aimes rien, alors ?

Sacha GUITRY, *La mode Cambronne.*

HAMDOULLAH !

Mot arabe, signification : *louange à Dieu !* Ils le disent très fort, dans un bon repas quand, excusez-moi, ils rotent, pour faire plaisir et honorer leurs z'hôtes.

Nous z'autes, quand ça nous vient, on fait tout au contraire pour que ni Dieu ni personne nous entende, chacun ses us et ses coutumes.

— Vous me dites rien de ce pudding ? Même pas un Hamdoullah ?
— ...

Philip ROTH, *Œuvres.*

HAMMAM

Bain maure qu'on prend à toute vapeur mais sans qu'on soit pressé.

— Sauna, j'te répète !
— Bon ! C'est pas l'hammam chose mais c'est pareil ! Vérifie son alibi, qu'on soit bien sûr qu'il sortait bien de son hammam ou d'son sauna !

John Le Carré, *L'Espion qui venait du froid.*

HENNÉ

De l'arabe *hinna* que c'est un arbuste qu'avec les feuilles on fait une teinture rouge. Les fatmas s'en mettent sur les cheveux, ça les fortifie y paraît en pluss de l'esthétisme musulman.

A peine ils l'ont vu, tout l'monde qui tombe à genoux en disant : « Henné le divin enfant. »

Émile Gaboriau, *L'Affaire Lerouge.*

HARKI

Soldats des troupes indigènes (pluriel de *harka* en arabe : expédition militaire) qu'y z'étaient alliés aux paras et au contingent contre les fellaghas, pendant les événements, grâce à Dieu c'est fini.

— C'est comme ça qu'ti'apprends l'français, toi ? On dit : « Heureux qui... » Pas : « Harki comme Ulysse, il a fait bon voyage », espèce de boudjadi que ti'es !

Ionesco, *La Leçon.*

INCH' ALLAH

Expression très fataliste des Arabes pour dire que demain y f'ra jour, c'qu'il arrive, il arrive ! Leur *mektoub* (voir ce mot). On emploie *Inch'Allah !* pour littéralement : « Si Dieu veut. » Ou si vous voulez : « A la grâce de Dieu. » Pourquoi pas : « Allah grâce de Dieu » ? Ce s'rait plus sémantique et œcuménique mais l'orthographe, hein : mektoub c'était écrit comme ça, alors mon Dieu à qui la faute ?

> — *J'rêvais que j'partais pour la Croisade mais au lieu de dire « Dieu le veult ! » je disais « Inch'Allah ! » et j'me retrouvais à la Mecque. J'en reviens pas encore, et qu'est-ce que c'est ?*
> — *Un transfert.*
>
> FREUD, *Introduction à la psychanalyse.*

INSULTE

Mot français, vous savez c'que c'est, mais chez nous en Algérie, à cause du climat, d'l'ambiance, des Arabes, tout ça, c'était beaucoup pluss du haut en couleurs, d'la bonne humeur, du tempérament qui joint le geste à la parole que d'l'invective méchante pour faire d'la peine.

> — *Tar fé terma tar l'molmè...*
> — *Tu sais pas parler l'français, non ?*
> — *Que le nez de ta belle-mère soit dans le derrière du chameau qui s'est pas lavé depuis huit jours !*
> — *Que ta mère soit malheureuse comme une tortue qui meurt sans avoir pu se gratter le dos de tout' sa vie.*
> — *Les sauterelles, qu'elles se fassent des béquilles avec les osses de tes morts !*

— Maudites soient les moustaches de ta mère et qu'avec elles, tu fais l'ménage dans l'cabinet !

— Que ta grand-mère en fouillant les ordures, elle trouve le pucelage de ta mère et de tes sœurs !

— Que le cul y te tombe dans un panier d'oursins et que mêm'dans la tombe, tu t'rappell's les vaccins qu'y t'a fait le méd'cin.

Maurice BARRÈS, *Du sang, de la volupté, de la mort.*

INSULTER LA RELIGION

C'est quand, dans les invectives à quelqu'un, on l'attaque pas seulement sur le con de sa mère ou la putain de sa sœur mais sur son entité théologique que là, ma foi, c'est pluss sacré.

— Tu veux qu'j'te prouve par $a + b$ que Dieu égale zéro ?

— Ho ! Ti'insultes pas la religion, hein...

Marcel JOUHANDEAU, *Algèbre des valeurs morales.*

JETER (quelqu'un)

Jeter est un verbe très actif pour quand on rembarre quelqu'un, qu'il aille pleurer chez sa mère, ça lui f'ra du bien !

— J'vous répète ! Tout on f'ra comme y faut, mais le premier qui me dit qu'y m'aime : j'le jette !

Alexandre DUMAS, *La Tour de Nesle.*

JETER DE L'EAU

Quand quelqu'un s'en va en voyage, on lui jette toujours un peu d'eau dans un verre derrière lui pour qu'y revienne en bonne santé. Une coutume ! D'où elle vient, ça...

— Attends mon chéri, qu'j'te jette de l'eau avant qu'tu t'en vas...

— Arrête, manman ! Tu nous bassines avec tes super-stitions idiotes !

Georges ARNAUD, *Le Voyage du mauvais larron.*

JETER LE NOIR

Les calamars et les sépias, toutes les familles de poulpes, quoi ! y jettent le noir quand on les embête, vous connaissez cette propriété ichtyologique qu'y z'ont. Nous z'autes, non : on dit qu'on jette le noir mais c'est des insultes qui portent la schkoumoune en réalité.

Il a voulu faire du marché noir mais quelqu'un a dû lui jeter le noir : ça a pas marché.

Henri AMOUROUX,
Vie des Français sous l'Occupation.

JETER UN ŒIL

Regarder soi-disant sans avoir l'air de rien et total, c'est avec toute la tension qu'y faut.

— Mon cher, vous m'empoisonnez.

— Aouah ?

— Élémentaire, mon cher Watson. Vous savez quelle heure il est ?

— Attendez... onze heures.

— All right. Jetez-moi un œil sur ce bouillon...

Conan DOYLE, *Sherlock Holmes pique une rabia.*

JIB !

De l'arabe *jāb/ijīb*, c'est *Allez, donne !* Ça s'prend dans tous les sens du mot, sinon à quoi ça servirait, j'vous l'demande.

— Une paille, que tu m'le donnes pas ! Allez, jib le couscous !

François MITTERRAND, *La paille et le grain.*

JONGLER QUELQU'UN

Donner un uppercut que l'aute, du coup, il est soulevé de terre et y vous porte pas aux nues, faites-moi confiance !

J'l'ai remarqué, y a toujours une séquence où Johnny Weismuller, comment qu'y s'le jongle, l'éléphant !

Alphonse BOUDARD, *Le Cinoche.*

JUSQU'À QUE

On devrait dire, je sais, *jusqu'à* suivi d'un nom mais nous, l'extension de la préposition, on trouve que ça rend pluss la relation logique du moyen d'expression.

> — *Encore ti'es là ?*
> — *J'attends Bénichou.*
> — *Ti'es sûr qu'y s'appelle pas Godot ou le Messie ? Jusqu'à quand tu vas l'attendre ?*
> — *Jusqu'à qu'y vient.*

FLAUBERT, *L'Attente à Sion de Saint-Antoine.*

JUSTE...

Oilà ! Comme en lingouistique pure c'est dur à dire, mieux que j'vous donne un exemple significatif. En français naturel vous m'diriez : *J'allais juste vous expliquer... ?* Moi l'contraire : *Juste j'allais vous expliquer que...* Vous comprenez ? Oussinon, allez, l'énonciation orthodoxe : proposition juxtaposée pasqu'elle est déjà sentie en subordonnée temporelle ! Vous êtes contents ?

> — *Juste j'vais pour le prendre douc'ment, à peine j'le touche, paf ! il tombe...*

Félicien MARCEAU, *L'Œuf.*

KABYLE

Un qu'il est né en Kabylie. Un qu'il habite toujours Alger, c'est un ami, Liazid, y dit toujours pour rigoler : « *Kabyle téléphonique* » à cause du téléphone arabe.

— All right ! Et pourquoi pas aussi, avec la diligence, le chérif et tout, Kabylie-le-Kid, à Fort Alamo Ahmed ?

Yves BERGER, *Le fou d'Amérique.*

La vieille Casbah.

KANOUN

Fourneau arabe au charbon de bois, dessus les plats mijotaient, mijotaient des heures, et des fois même toute la nuit. Maintenant, avec les thermostats auto-nettoyants, pour la cuisine bien mijotée, hein, c'est cuit, qu'est-ce vous voulez !

— A moi vous m'dites ça, le kanoun c'est ma mère ?
— C'est l'symbole onirique, qu'est-ce vous allez cher-cher ! La chaleur maternelle, la chaleur du foyer, vous comprenez, m'sieur Ortéga ?

Gaston BACHELARD, *La Psychanalyse du feu.*

KAOUED

Qawwād en arabe, c'est un homme qu'il est une femme, vous voyez le genre. Dans la phrase, on l'utilise masculin et ailleurs...

— Vous comprenez pas, non, espèce de kaoued que vous êtes, que c'est pas pasqu'on est sur le front qu'y faut pas qu'on protège nos arrières ?

James JONES, *Tant qu'il y aura des hommes.*

KÉMIA

Ça vient de l'arabe *kmyā*, un p'tit narcotique, mais c'qui est stupéfiant, c'est qu'c'est devenu une sorte de phénomène social à l'heure de l'apéritif. Dans les cafés, le propriétaire mettait sur son comptoir les p'tits plats dans les grands. Un de bliblis, un de tramousses, un de p'tites fèves à la vapeur. Olives noires, olives vertes, olives cassées, escargots piquants, calamars, sardines scabètches, cacaouettes salées, bon j'vous passe ! Tout c'qu'y donne très soif pour que les clients boivent encore pluss d'anisettes.

En France, la kémia, comment ils pourraient l'adopter avec leur contexte économique et leurs conditions climatiques, franch'ment ?

Au banquet de la vie à peine commencé
Deux tramouss's, un blibli, des olives cassées
Trois fèv's à la vapeur, des fois un zlabia
Aouah ! Ça un banquet ? Tout juste une kémia.

André CHÉNIER, *Jeune Captive.*

KIF KIF BOURRICOT

Bourricot, vous savez c'que c'est, un âne, vous l'avez vu à sa place, dans les B.

En arabe, *kif kif*, c'est pareil que la même chose. Semblable, identique, analogue, vous voyez à quoi ça correspond ?

— C'est comme ça, ignare que ti'es, que tu sais les masculins et les féminins ? Le mulet, l'amulette, pour toi, c'est kif kif bourricot ?

Robert MUSIL, *Les Désarrois de l'élève Törless.*

KILO

Ça veut dire : soûlard, ça doit descendre du *litron* en français de France, c'est logique comme contenu sémantique.

En synonymes, *kilo*, vous avez pu déjà le voir double à BOURRATCHO, FOURACHAUX.

> — *Tout ça tu bois ? Tu deux devenir kilo ?*
> — *Et alors ? Même je viens kilo, j'm'en balance.*
>
> CONFUCIUS, *L'ivre de la Sagesse.*

— LA BÈS ? — LA BÈS !

Les Anglais quand y s'rencontrent, y s'disent : *How do you dou ? — How do you dou ?* Les Arabes, eux, comme *La bès*, vient de *lā bās arhlïk*, ça veut dire *Pas de mal sur toi*, normal qu'ils s'échangent des *La bès*, un interrogatif, l'aute affirmatif. Ou alors c'est qu'un ça va pas.

> — *Toujours pareil, mon collègue ! D'abord « La bès ? La bès ! » et un an après : la bosse, la bosse.*
>
> Jean DANIEL, *L'Ère des ruptures.*

LAISSE QUE...

Laisser, vous savez c'que c'est en français naturel. *Laisse ta femme à la maison, qu'est-ce tu t'embarrasses ?* En pataouète, on ajoute *que* pour bien avertir des conséquences. La preuve, *laisse que...* on l'emploie qu'en impératif.

Laisse qu'y prennent le pouvoir les communistes et tu verras ! Y a qu'en république qu'on est heureux comme des rois, c'est moi qui t'le dis !

Giscard d'Estaing, *Démocratie française.*

LAISSE UN PEU QUE

Là, le *un peu* qu'on ajoute c'est moins quantitatif qu'un avertissement qu'on vous donne en supplément.

— Laisse un peu qu'elle vient, la Mère Supérieure, et tu verras la confesse qu'ell' va t'faire !

Diderot, *La Religieuse.*

LAOUÈRE

Ou adjectif ou substantif masculin (tout dépend comme vous voyez vot'phrase) c'est çuilà qu'il est tout borgne d'un œil, en arabe.

> *L'œil était dans la tombe*
> *Et regardait Caïn*
> *Et voyez comm' ça tombe*
> *C'est presque kafkaïn*
> *L'œil, laouère il était*
> *Et donc moralité :*
> *Mêm' qu'on est moribond*
> *Dieu ouv' l'œil et le bon*
> *Mêm' qu'on est dans l'cercueil*
> *Dieu y vous a à l'œil.*

Victor Hugo, *L'Homme qui rit.*

LOUBIA

De l'espagnol *la alubia*, c'est un bol d'haricots secs cuits dans une sauce très liquide toute rouge à cause du *kemoun* (en France, y disent *cumin* avec leur accent) qu'on met nous. Tandiss que vous, si vous êtes tout rouge, c'est pasque la loubia, on la sert très relevée.

— Cette loubia qu'elle faisait ma mère!!! Maintenant avec la Mère Supérieure, mon Dieu, mieux je fais une croix dessur!

LUTHER, Propos de table.

LOUETTE

Malin, très dégourdi, d'origine arabe (*lahouet*) mais vite francisé d'Algérie. Au temps de l'Algérie de papa, on disait papa louette, même qu'avant la guerre 14, un journal satirique s'appelait comme ça (voir à PAPA-LOUETTE). C'est peut-être de là que, pap'louette, Bal-elOued, Bablouette, etc., est né le mot pataouète (voir ce mot).

— Le poulet industriel, vous l'élevez avec les z'hormones, la lumière électrique, toutes les techniques modernes, exprès pour que la croissance, au lieu de 60 semaines, seulement 3 mois elle dure!

— Qué louettes qu'y sont! Bientôt, la cocotte-minute y front!

Cesare PAVESE, Avant que le coq chante.

110

MABOUL

Fou arabe qu'y faut qu'on l'emmène Allah douche, y a pas d'raison. De ce mot, on a fait *maboulisme*, c'est le bon sens même. A Bab-el-Oued, quand on jouait aux boules, chaque fois qu'un y pointait et qu'il allait voir comment il l'avait placée près du boulitche, il disait : « Je suis ma boule » et on riait comme des fous.

Dans l'Maghreb, çuilà qui déménage complètement, ou c'est de sa villa, on dit qu'y perd la boule, ou c'est de son gourbi, on dit qu'il est maboul.

David HUME, *Essai sur l'entendement humain.*

MACACHE

En arabe *mà kaïn*, c'est pour dire qu'à quoi ça sert d'insister, quand y en a pas, y en a pas, le mieux c'est qu'on s'en passe.

Dans toute ma classe j'ai cherché un qui saurait au moins faire un P ou un Q au tableau, aouah ! Macache de A à Z !

Roland BARTHES, *Le Degré zéro de l'écriture.*

MACACHE BONO

Là, le *macache* est négatif complètement. Cette expression on l'emploie quand quèque chose vous arrive et qu'on la trouve mauvaise.

— Pareil César quand on li'a dit : « Méfie-toi des ides de Mars ! » C'matin en m'levant, purée ! quèque chose me disait : « Aujourd'hui, fais entention, macache bono ! »

Bernard THOMAS, *La Bande à Bonnot.*

MADONE !

Exclamatif admiratif comme si tout d'un coup, ciel ! vous voyez une apparition.

Que tu réussisses si bien les nus, c'est normal avec le madone de pinceau que ti'as !

BRASSAÏ, Conversation avec Picasso.

MAKHROUD

Gâteau de semoule et de dattes frit. Dans la famille, on les fait baigner dans du miel, c'est meilleur et pluss juif en même temps.

Le Kippour (on dit aussi le grand Pardon mais pas comme les Bretons, ça n'a rien mais alors rien à voir !) toute la journée obligé l'carême total ! Qu'est-ce qu'on attendait, purée ! Les trois étoiles dans le ciel, pour que l'rabbin souffle dans son chofar pour qu'on s'tape enfin les makhrouds et tout !

Cornelius RYAN, Le Jour le plus long.

MAL ÉLEVÉ

En métropole, c'est que d'un gosse qu'on peut l'dire mais en Algérie, comme on est tous des grands enfants...

— Tranquille j'étais sur un banc, au parc de Galland, j'apprenais ma leçon, tout d'un coup j'sursaute, un jeune homme, pas mal, s'était assis à côté d'moi, j'm'étais pas aperçue, tu sais c'qu'y me dit à l'oreille ? « Monsieur, j'li'ai dit, vous êtes un mal él'vé ! »

René BOYLESVE, La Leçon d'amour dans un parc.

MALHEUR (faire un)

C'est pas comme dans Shakespeare où tant qu'y sont pas tous tués, tu crois qu'le rideau y tombe ? Par bonheur, chez nous, on n'en fait pas une tragédie de cette expression mais quèque chose de spectaculaire.

— Si ti'avais vu comme elle était heureuse, la pauve ! Faut dire que cette nuit-là, hein, j'ai fait un malheur !

John FORD, *La chevauchée fantastique.*

MAMAMILLE !

De l'italien *O Mamma mia !* vous devinez qu'c'est : Ô ma mère ! un juron comme si soi-disant on la prenait comme témoin.

— O mamamille ! En somme, pluss ou moins tu veux tout ?

Jean-François REVEL, *La Tentation totalitaire.*

MANATCHE !

Assa'oir si c'est pas une altération du *Madonatche !* corse, qu'ils disent pour insulter les ascendants d'leur vendetta jusque dans la tombe. Nous, *manatche !* c'est comme vot' *Fichtre !* à vous les Français de France.

— Manatche ! avec tout c'qu'y a à faire dans cette maison j'ai l'temps d'écouter tranquille que vous m'expliquez bien comment qu'y faut qu'je fais !

Christiane COLLANGE, *Madame et le Manatchment.*

MANGER DE COUPS

Comme une recette quand vous montrez les dents à quelqu'un pour qu'après on l'ramasse à la petite cuillère.

Si elle veut pas, une pêche en pleine poire, le nez en compote, vous la mangez de coups et hop ! à la casserole !

OVIDE, L'Art des mets.

MANTÉCAO

Gâteau friable comme tout, c'est un délice, les Espagnols disent *manteca*, c'est fait à la graisse de porc et à la cannelle. Les Arabes et les Juifs pas trop bigots peuvent en manger.

— Elle est bête, qu'est-ce tu veux ! Elle vendrait aussi des mantécaos, ça li'agrandirait son commerce.

Xavier DE MONTÉPIN, La Porteuse de pain.

MARCHE LA ROUTE !

Expression fataliste pour quand forcé on est de se mettre au pas.

Le commissaire y m'a dit : « Le passage à tabac, tu connais ? Alors marche la route, hein... »

Erskine CALDWELL, La Route au tabac.

MARMITE (faire la)

A Bab-el-Oued, quand moi ou un aute, quand on était petit on attrapait l'insolation, not'mère appelait vite Madame Linarès pour qu'elle nous fasse la marmite. La mauresque apportait une petite marmite d'eau du robinet, froide bien sûr et Madame Linarès demandait : « Quelle date de naissance il a le p'tit ? » Cette date, elle la mélangeait avec des prières ou d'autes z'incantations pleines de maltais, latin, espagnol, italien et allez sa'oir quoi, moitié cabalistique moitié ésotérique. En même temps elle vous posait la marmite d'eau froide sur la tête et tout d'un coup, paf ! allez comprendre : l'eau d'la marmite bouillait ! Avec de grosses bulles, normal'ment ! Cent fois ça m'a passé le coup d'soleil, c'est bien simple ! Même qu'un jour que ma mère, surprise comme à chaque fois, a dit en me touchant le front : « C'est drôle, hein, la fièvre est tombée... » Et que ma sœur Liliane a demandé toute naïve (elle était très petite) : « Elle est tombée dans la marmite ? » Qu'est-ce qu'on a rigolé, de la naïveté et de soulagement qu'c'était fini, mon insolation !

Waterloo, Waterloo morne plaine ! Il neigeait.
Ô pourquoi que l'Histoire y faut qu'ell'se limite ?
Le Soleil d'Austerlitz y se s'rait prolongé
Que Madam'Linarès me ref'rait la marmite !

Victor HUGO, *Les Rayons et les Ombres.*

MARQUE DOMMAGE !

Façon d'hausser les épaules en paroles quand maintenant qu'les choses elles sont faites, on va pas revenir, hein ?

— *Qu'est-ce j't'avais demandé, ma chérie ?*
— *Ti'es fou ou quoi ? Du caoua ! Tu l'trouves pas bon ?*
— *Très très bon ! Si c'est pas du caoua. Pasque si ti'appelles ça du caoua... Bon, allez va, marque dommage ! Tu m'sers une anisette pour que je change de goût ?*

Carson MAC CULLERS, *La Ballade du café triste.*

MARRONNER (faire)

C'est quand on veut que quelqu'un rage comme du cirage. Marron bien sûr, c'est pluss sémantique.

— *D'abord tu m'demandes où il crèche, j'te réponds Bethléem. Et après tu m'dis qu'mon fils il a un nom à coucher dehors ?*
— *Marie !... Tu vois pas qu'j'te fais marronner, mon Dieu ?*

Alfred DE MUSSET, *Nuit de Décembre.*

MATA (faire la)

La *mata,* l'origine devrait être espagnole, *llamada,* appel, mais avec l'étymologie, faut faire bien attention, j'vous avertis. *Faire la mata,* en tout cas, ça signifie : « guetter ». Que si par hasard un agent il arrive, hein, qui c'est qui s'ra bien attrapé ?

Et la grosse Bertha
Elle envoie ses shrapnels
Et moi la sentinelle
Rien qu'je fais la mata.

APOLLINAIRE, *Le Guetteur mélancolique.*

MAURESQUE

Femme d'un Maure mais pas automatiquement veuve. On l'emploie pour : domestique.

Quand j'm'ai vue, dans la grande glace qu'y a autour d'la lampe au-d'ssus d'la table d'opération, toute en blouse d'infirmière et le mouchoir sur le nez, sans les gants caoutchouc : une mauresque j'étais !

A. SOUBIRAN, *Journal d'une femme en blanc.*

MÉCHOUI

Vous prenez un mouton d'Algérie, vous l'mettez à la broche, vous attendez un bon moment (c'est ça, la broche des événements) et après, laisse épicer l'mouton !

La grand' Zorah, qu'est-c'qu'il avait dit ? « Je méchoui tojors fi la certaine idie d'la France. »

Pierre SERGENT, *Je ne regrette rien.*

MÉHARI

Mot arabe, tout bêtement *meari*, c'est un dromadaire. Dans l'désert y s'en servent, vous savez comment.

— Légionnaires, en cette fête de Noël à Sidi-Bel-Abbès, nous allons tous entonner le « Tiens, oilà du boudin... »
— Méhari Christmas ! ! !

ÉTIEMBLE, Parlez-vous franglais ?

MEKTOUB

C'est la Destinée des Arabes comme les Romains ont leur *Fatum* et les autes, c'qu'y veulent. On l'emploie dans les expressions : *C'est l'mektoub !* dans le sens de *C'qu'il arrive, il arrive !* et *Mektoub c'était écrit !* les Arabes, fatalement, c'est de droite à gauche.

Elle était belle comme tout, j'l'ai enfourchée pour monter d'ssus... le mektoub ! Qui c'est qui démarre ?

André PIEYRE DE MANDIARGUES, *La Motocyclette.*

MELON

Voir à *Bicot, Bougnoule, Crouillat, Tronc d'figuier,* toujours la même sérénade raciste : Arabe d'Algérie en péjoratif. Toujours pas d'citation littéraire, dans des cas comme ça, c'est sûr'ment pas moi que j'vous donn'rais l'exempe !

Une rue de la Casbah à Alger.

MENDJACAGA

En italien littéral, vous voyez comme il faut le prendre : *mange-caca*. Pour alimenter que la conversation bien sûr.

— Tu sais pas qu'l'appétit de sa'oir naît du doute et qu'la soif d'idéal... Espèce de mendjacaga que tï'es, va !

André GIDE, *Les Nourritures terrestres.*

MER (en bas la)

En bas la mer, c'est une construction de phrase pas comme en Hollande où, comme leur mer elle est plus haute qu'eux, obligé qu'ils construisent des digues. Nous on dit *en bas la mer* pasque ça tombe bien : elle est plus basse que nous, d'où on vient.

Pas basse comme la marée à Deauville ou à La Baule, hein ! Chez nous, les marées — où la mer quand elle s'en va on dirait qu'elle revient — on les connaît pas. La mer en Algérie, elle est étale. Pour taper le bain, vous, pendant que vous faites les formalités, nous on en a tapé trois.

Quand je pense, à Bab-el-Oued, j'allais en bas la mer, ivre de bonheur j'étais dans l'fond ! Tandiss que maintenant, l'ivresse des profondeurs... Complètement sous l'eau je suis, ouais !

Jules VERNE, *Vingt mille lieues sous les mers.*

MERGHEZ

Des p'tites saucisses rouges d'abats de mouton tout hachés, épicé c'est meilleur et qu'on fait griller comme des brochettes.

« Très bien, dit le Chat » *et il s'évanouit douc'ment, douc'ment en commençant par le bout d'la queue pour finir avec rien qu'un sourire qui s'léchait les babines.*

Lewis CARROLL, *Alice au pays des merghez.*

La passe d'Alger.

MESLOUTE

En arabe, c'est rien qu'un crève-la-faim, le pauve ! Toujours à tendre la main pour quèque chose à manger, comment qu'y pourrait faire la petite bouche ?

Moi mesloute ? Je fais une diététique terribe pour garder la ligne, monsieur !

TOLSTOÏ, *Guère épais.*

METTRE (le mettre à quelqu'un)

C'est pas le doigt dans l'œil, non, c'est aute chose de sous-entendu. Vous expliquer en long et en large, ça serait déplacé, vous comprenez ? En dérivé, ça rentre dans la famille des sens *duper, posséder...*

— Vous le prenez comme vous voulez, y se laiss'ra jamais avoir.
— C'est vrai, lui, personne y lui met !

André GIDE, *La porte étroite.*

METTRE LES YEUX

Dans la métropole, un qui porte guigne ou la schkoumoune (voir ce mot), on dit qu'il a le mauvais œil, mieux vous faites le cinq (report à l'expression). En Algérie, on dit qu'on nous *met les yeux* pour qu'on s'en méfie deux fois pluss.

J'avais vingt-cinq briques de côté, le crédit d'la banque, tout... Aouah ! Toute bâtie, j'suis sûr qu'c'est cet aveugle, l'aute jour, qu'y m'a mis les yeux !

Edgar Allan POE, *La Chute de la maison Usher.*

MICHQUINE

On ajoute toujours *et michquinette*, c'est le diminutif. Ça vient de *meskine* (arabe *maskïn*) petit dans le sens de : pauvre. Donc *Michquine et michquinette !* ça veut dire à peu près : *Pauvre de moi, et même encore pluss !*

Les grands de ce monde, c'est très bien, michquine et michquinette ! mais faut faire entention, que la grandeur elle peut faire des petits !

Rictus, Les Jolies loques du pauve.

MIRA !

De l'espagnol *mirar*, regarder. Cette forme de *mira*, c'est venu comme *Regarde !*, *Mon œil !* en français naturel. On l'emploie exclamatif, vous commencez à voir plus clair ?

— C'est du beau, tiens ! Mira, tu vois pas qu'c'est pas pareil, un nabot et un boa ?

Van Vogt, Le Monde des A.

MOI DE VOUS

Ma mère, quand j'étais p'tit, me disait toujours : « Moi c'est moi et toi t'es toi. » C'était une astuce pour m'faire taire, pas pour m'expliquer le principe d'identité. L'expression « Moi de vous » c'est pas pareil. En français naturel lingouistique, ce s'rait une contraction de : « Moi si je s'rais à vot'place ». Mais à Bab-el-Oued, comme on est plus décontracté...

— Réfléchissez bien ! De l'angélus de l'aube à l'angélus du soir, le credo du paysan, le geste auguste du semeur, les vaches ? Moi de vous, hein...

Marcel Bleustein-Blanchet,
La Bourse de la Vocation.

MONTER

Ce verbe, bien sûr on l'utilise comme en français naturel (*monter en haut, monter dans le tram ou sur un bourricot...*) mais aussi dans des expressions plus relevées. Exemple :

Alors j'me suis dit : « Ho ! Jusque-là j'arrive : j'arrête et j'redescends ? Pour qu'en bas qu'y m'attendent tous, la honte elle me monte à la figure ? »

Maurice HERZOG, *Annapurna, premier 8 000.*

MONTER L'AUBERGINE

Donner un coup dans la figure à quelqu'un qu'une tuméfaction violacée elle le fait changer de couleur.

Je li'ai dit : « Tu vas oir comment j'vais t'monter l'aubergine, tout grosse légume que ti'es, si tu te tiens pas à quatre ! »

VIVALDI, *Les Quatre Saisons.*

MONTER UN ŒIL

Action, quand un il est agaçant comme tout, que paf ! vous lui en mettez plein la vue, son œil devient tout gonfle de l'ecchymose.

Alors j'ai senti une douleur terrible qui me vrillait la tête, comme si j'm'ouvrais à la Connaissance. Comme quand j'étais p'tit, que mon père me montait un œil mais là, c'était au milieu du front, juste entre les deux yeux.

T. LOBSANG RAMPA, *Le Troisième Œil.*

MORA

La mora, ça vient d'Espagne ou d'Italie, en tout cas c'est méditerranéen et très simple comme jeu. On est un en face de l'aute, les poings serrés mais si vous avez peur, n'ayez pas peur c'est pas d'la boxe.

D'un coup, en même temps, chacun il ouvre sa main en tendant des doigts et en disant quèque chose. Exempe, vous avez dit « Otto ! » en tendant trois doigts : si l'aute il en a tendu cinq en disant « Six mora », comme vous, trois et cinq ça fait huit, vous avez gagné tandiss que lui, comme il a dit six, il a perdu. Vous dites : « Marqua ! » et oilà, c'est pas compliqué.

Les chiffres qu'il faut dire c'est :
« Pigeon » pour 2
« Trikétramblo » pour 3
« Quatro » pour 4
« Tchiquouenta » pour 5
« Six mora » pour 6
« Setti » pour 7
« Otto » pour 8
« Novi » pour 9
« Totalarga » pour 10.

— Faut reconnaître, tranquille comme tout ! Personne qui m'embête, qui mieux que moi ? A part quand même que pour jouer à la mora...

Daniel DEFOË, *Robinson Crusoë.*

MORFAL

Un qui mange de tout son cœur. Il a du cœur au ventre mais comme son estomac il lui est descendu dans les talons, vous voyez, hein, qu'en faim : il est réduit aux pires extrémités ! Ça vient de l'argot d'la métropole, *morfalou*, goinfre comme tout.

Ils ont attaqué par le flan... Plein le fusil, y s'en sont mis, les morfals !

Boris VIAN, *Le Goûter des généraux.*

MORFLER

De l'argot d'en France, encore, c'est prendre une torgnole terrible ou des gifles morales, ça fait aussi mal.

La nuit d'noces, y m'avait dit : « Te frappe pas, ma chérie, c'est qu'un coup à prendre... » Purée, qu'est-c'que j'ai morflé !

Marie SUSINI, *C'était cela notre amour.*

MORT DE TES OSSES (la)

C'est pas une malédiction, c'est une interjection comme une rodomontade avec quèque chose de métaphysique exprès pour que l'apostrophé se sente jusqu'aux moelles claquer des dents.

Mon premier s'prend le crâne dans les mains comm'le penseur de Rodin ; mon second lui dit : « Ho ! la mort de

*tes osses, tu t'prends pour Hamlet, fils ? » Mon tout,
qu'est-ce que c'est ?*

GOETHE, Le Premier et le Second Faust.

MOUNA

Brioche espagnole (le mot en valencien c'est *mona*,
avec le o fermé comme tout) que le lundi de Pâques,
on allait tous manger à la campagne.

*— La vérité, y a qu'chez nous z'autes qu'on peut
s'taper une mouna comme ça ! J'peux en reprendre un
peu ?*

Francis MAZIÈRE, Fantastique île de Pâques.

MOUQUÈRE

Femme d'origine espagnole (*mujer*) mais adoptée
par les Arabes à cause la jota gutturale. De l'hispano-
mauresque, quoi ! et on peut pas mieux dire puisque
mauresque justement, c'est pareil. Comme *fatma*.

Une chanson connue en Algérie, dans l'folklore,
c'est : « *Trabadjar la mouquère, Trabadjar bono,
Tremp'ton cul dans la soupière, Tu verras si c'est chaud.* »
Faut dire que *trabadjar*, ça vient de l'espagnol
trabajar, travailler. Et que la mouquère, elle travaillait
toujours comme bonne, chez sa patronne européenne.

Des fois aussi, on dit *mouquère*, familièrement, pour
femme légitime ou pas.

*Les mouquères, comment que j'les ai allumées, dis ! Si
ti'aurais vu, les deux, toute la nuit dans le lit : une pluss
chaude que l'aute !*

Roger PEYREFITTE, Du Vésuve à l'Etna.

127

MOUTCHOU

Les épiciers, en Algérie, c'est rare qu'y venaient pas du M'zab, donc c'étaient des Mozabites. Pourquoi on les appelait des moutchous ? Des lingouistes pensent à *moutchatchou* de l'espagnol *muchacho* qui veut dire : enfant. Comme les moutchous c'est pas des enfants mais des très bons commerçants, d'autes lingouistes pensent à l'espagnol *mocho :* un pas beau du tout avec son crâne rasé. On s'rapproche pluss mais ho ! on va passer toute la soirée ? Les lingouistes comme moi : langue au chat. Tous les moutchous d'abord y z'en ont un. A cause des souris qu'y a dans leurs magasins.

— *Boudi, ma mère elle a dit : « Tu lui diras au moutchou que dans ses lentilles, y a des pierres… »*
— *Dis-lui à ta mère que chaqu'fois qu'elle en trouve elle me les rende, comme ça j'pourrai agrandir mon magasin.*

PROUDHON, *Qu'est-ce que la propriété ?*

NECS (faire des)

Edmond Brua, que c'était un ami, il était sûr que ça vient du napolitain ou du sicilien *far di niego*. *Niego* c'est refus. J'l'accepte avec la nuance qu'en signification, cette expression veut dire : se montrer dédaigneux, faire du chiqué pour quèque chose que total, tout compte fait, c'est zéro, moins que rien.

— *D'abord, ton anisette elle est chaude comme d'la pisse et en pluss...*
— *Toi, le jour où tu f'ras pas des necs, ce s'ra pas trop tôt.*
— *Et toi, hein, mieux tu f'rais des necs tard que jamais !*

HOFFMANN, *Les Élixirs du diable.*

N'EN CASSE PAS UNE !

Regardez à CASSE PAS UNE (*n'en*) c'est pas un ordre que j'vous donne, c'est qu'un ordre de classement.

N'EN TOUCHE PAS UNE !

Pareil ! Voir à TOUCHE PAS UNE (*n'en*), toujours pas un ordre que j'vous donne mais l'ordre alphabétique.

NIF (avoir du)

C'est avoir du nez mais dans un sens pluss honorable qu'en France pasqu'en arabe, *nif* c'est en même temps le nez et l'honneur.

C'est un peu court, jeune homme !
Moi de toi j't'en aurais sorti, Diocamadone,
Des mieux. Que par exemp', si ti'aurais eu du nif
Ti'aurais senti qu'la rime elle est pas riche. Au pif !

Edmond ROSTAND, *Cyrano de Bergerac.*

NIQUER

Ni plus fort ni moins fort que *forniquer* chez les Français de France. La preuve, niquer chez nous z'autes vient de *naïk i naïk* de l'arabe. Même sens relationnel, vous voyez le coup.

— Une île grecque, le soleil, la mer... Et une fille ! ! !
Aïe manman ! Tout Irène Papas !
— Elle est de la péninsule hellénique ?
— Hellénique et complèt'ment j'te dis !

Jacques LACARRIÈRE, *En cheminant avec Hérodote.*

NIQUER LE BEIGNET

Beignet, vous voyez comment il faut le prendre. En pensant à consommation mais du mariage : j'te fais du plat, laisse que j'te dessale un peu...

— Vous allez voir un agent de change ou de rechange,
rien qu'il vous fait des cours bêtes pour mieux vous niquer
le beignet.

Xaviera HOLLANDER, *Supersex.*

NIQUER LE BÉNÉFICE

Avec bénéfice, niquer bien sûr, c'est une autre affaire. Pas de cœur.

— Vous investissez, vous investissez et total, l'État vous nique tout le bénéfice.

Roger IKOR, *Le Tourniquet des innocents.*

NOUBA

Nūba en arabe, ça veut dire : tour, comme dans *ben-nūba*, à tour de rôle. Comment c'est devenu fanfare dans l'armée d'Afrique, ça !...
Chez les Européens, *faire la nouba,* c'est une bonne chose de fête. Avec la fanfare et la clique, vous voyez qu'est-ce j'entends par là.

— Purée ! moi qu'je croyais qu'on allait faire la nouba tout'la nuit...

Françoise SAGAN, *Bonjour tristesse.*

OBLIGÉ, DIS !

Expression qui nous sort quand forcé on est de faire quèque chose qu'on peut pas échapper.

Même que par accident y a une mutation brusque, obligé, dis ! que la nature elle suit son cours.

Jacques MONOD, *Le Hasard et la Nécessité.*

OLIVE (faire une)

Vous voyez tout de suite que ça rentre dans le côté pas distingué des échanges qu'on peut avoir avec quelqu'un. J'vais pas vous expliquer, l'érotisme il a bon dos, je sais, mais...

D'accord! la chair est faible, les sens, on s'laisse entraîner, mais quand même!... Un doigt de cour, bon! mais lui faire une olive, franch'ment?

Lawrence DURRELL, *Mountolive.*

OLIVES (changer l'eau des)

En langage scientifique, c'est faire pipi.

Quand chaque fois qu'on change l'eau des olives, ça brûle comme tout, c'est la rétention, retenez bien!

André BRETON, *Les Vases communicants.*

ORDINAIRE

Tout l'contraire de la classe. Pas très très distingué, vous voyez? Tout d'suite, faut reconnaître, on s'rend compte de quelle basse extraction vous sortez.

— Comment qu'elle s'habille, ma fille!!! Y en a, j'sais pas quel chic elles z'ont...
— ...
— Une chemisette col Claudine avec une jupe fendue et des bas résille, tu vois pas qu'ça fait ordinaire, non?

Germaine ACREMANT, *Les Dames aux chapeaux verts.*

OUALIONE

De *guaglione* en napolitain, ça veut dire : garçon.
Nous, un *oualione*, c'est un p'tit, il est dégourdi mais
terrible ! qui c'est qui l'tient ?

*— J'ai voulu voir quel livre il lisait, ce oualione...
Quand j'l'ai vu, la peur que j'ai eue !...*

Rémy DE GOURMONT, Le Livre des masques.

OUALLOU

C'est *rien*, on leur a pris aux Arabes : *wālo*.

*— Maintenant, à l'école, vous savez, Madame
Teboul, c'qu'on leur apprend ? Le vagin, le clitoris, à quoi
ça sert...
— Et ben ! de mon temps, nous z'autes... Ouallou,
hein ?*

Françoise SAGAN, Des violons, parfois.

OUBLIE-MOI CINQ MINUTES !

C'est pour être poli qu'on dit *cinq minutes*, mais il est vraiment l'temps, la vérité, de s'débarrasser d'un importun comme ça, quelle sécotine ! Alors on lui fait agréer toute l'expression.

— Les étonnantes possibilités de la mémoire, hein, c't'une chose à pas oublier.
— D'accord, j'm'en rappell'rai.
— C'est comme, ça m'revient maint'nant...
— Ho ! oublie-moi cinq minutes, tu veux ?

Anne PHILIPE, *Le Temps d'un soupir.*

OUED

De l'arabe *wād*, c'est un petit ruisseau qui fait pas la grande rivière à cause la sécheresse qu'y a en Algérie.

Du gourbi d'à côté, j'entends ma tante Yasmina et l'voisin qu'est-ce qu'il lui chantait ? « A l'oued, je te plumerai. »

Robert DHÉRY, *La Plume de ma tante.*

OUÈLA

De l'espagnol *abuela*, une vieille grand-mère (voir à FIGA DE TA OUÈLA). Elle a atteint le grand âge, cheveux blancs et tout. Âgée la blanche, quoi ! on peut pas rigoler ? Le masculin grand-père c'est *ouélo*.

Vivez si m'en croyez, faites la bamboula,
Cueillez dès aujourd'hui les roses, les lilas
De la vie car après, et alors et oilà,
Moi je serai ouélo et vous s'rez la ouèla.

RONSARD, *Les Sonnets.*

OUI, NON

C'est une locution, pas pour le référendum mais pour quand on veut dire que ça alterne.

— Elle est bien vot'robe, Madame Chiche !
— Oh ! elle est très simple : à rayures noires, une raie oui, une raie non. C'est mon mari qu'y m'l'a ach'tée.

Molière, L'Avare.

OURSIN JUIF

Un oursin, vous l'savez, c't'un crustacé mais c'qui est piquant : c'est qu'les Juifs, c'est péché pour eux d'en manger. (Pas pêché d'la mer, vous voyez c'que j'veux dire.) Donc *oursin juif,* ça veut pas dire que c'est un oursin *casher* mais qu'il est pas mangeabe du tout, pas seulement pour la religion mais aussi pour la pourriture que c'est.

— Ils en ont mangé, c'étaient des oursins juifs, qu'est-ce vous voulez ! Ils ont pas vu qu'ils avaient l'air pas très catholique...

Marcel Aymé, La Table aux crevés.

PANTCHA

C'est un mot qu'on utilise pour parler du *ventre.* Pas en ventriloque : en catalan. C'est vrai, eux disent *panxa,* c'est leur panse bête.

Ma pantcha elle avait pris des proportions terribles ! Qu'un matin quand j'l'ai vue, dans ma glace, je serais tombée de cul si le poids, heureusement, y m'avait pas retenue en avant.

Simone Weil, La Pesanteur et la Grâce.

PANTCHA DE RIGOLADE

Vous voyez l'image sémantique : les Français de France disent, quand y rigolent trop, qu'y se tiennent le ventre.

Et même : *rire à ventre déboutonné.* Si ils sont hommes pasque si c'est des femmes, elles elles disent : *à gorge déployée,* bien sûr.

— C'est pas pour dire, mais ce hara-kiri qu'y s'est fait, c'est pluss une pantcha de rigolade qu'aute chose !

Akira KUROSAWA, Les Sept Samouraïs.

PAPA-LOUETTE (le)

Journal qu'il a paru en 1905 à Alger, tout écrit en bilingue : moitié pataouète moitié français naturel. C'était Henri Fiori le fondateur. Voir à LOUETTE l'étymologie du mot et la construction sémantique du titre.

Alors comme j'en avais marre, la vérité, de rien que le bon pasteur, et l'Agneau du Seigneur et la brebis égarée, j'ai lu, mon Dieu, « le Papa-louette ».

BERNANOS, Le Journal d'un curé de campagne.

PAREIL QUE

La même chose que *kif kif bourricot,* comme comparaison. Aucune différence !

Sur tout le corps, des pansements, des pansements ! Pareil qu'elle aurait été prise dans une baroufa entre des modérés et des partisans de la paix.

Théophile GAUTIER, Le Roman de la momie.

Deuxième Année — N° 25   1 Sou le Numéro   Dimanche, 11 Août 1901

PAPA-LOUETTE

Journal Satirique, Humoristique et Anti-Politique

PARAISSANT TOUS LES DIMANCHES

Directeur, Galludo. — Rédacteur en Chef, Pépète et Compagnie

Rédaction et Administration : 9, Rue Malon, Alger.

Les manuscrits non insérés sont fichus au panier   Par la Plume et l'Coup de Tête   Les dessins sont reçus au bureau du journal

Abonnements   Un An 3 fr 50.   Six mois, 1 fr 75.   Trois mois 1 franc

---

Chronique Algérienne

Succès inattendu — Tralha, vive nous autes ! — Merci aux camarades — Ça qui an passé cette semaine

Y a s'ta ! De tous les côtés, y nous arrivent les félicitations, tous on nous envoit des lettres vec le courage ; les lettres vec le courage, an veut dire des abonnements ; des abonnements, an veut dire du pése.

Pourquoi el sa tonne pas ! barakous.

Mais tous on a vu qui fallait un journal comme ça , que pour un souillé y vous face tout les dimanches, faire une pancha de rire.

Qué Collions, on peut bien se payer sa. Tous, ou na pas le moyen d'aller se faire chécher la galte beduuine ou France ou a Marseille après tout , aussi uuo miquette en moins tous les dimanches sa fait pas du mal a les toma et du bien a la tête pourquoi on sastruit, on sat sa qui se passe et on devient louette et tout.

Allés tous on le dit , et c'est pas des tchalef ; dans toute « l'Afrique du Nord » y a pas un journal dans les conditions comme le *Papi-Louette*.

Aussi, c'est pas en qua Alger , c'est partout dans tout les bleds que notre premier numéro a eu si tout du succès que des cinquante milles que nous avons tiré, manque il en reste un au bureau.

Merci a tous les camarades qui nous ont fait la réclame, sa sait bien , aussi qu'ils sulle pas peur de venir passer a la rédaction nous payer un gazo. Ka revanche a tous nous ferons dire une messe quand y cassa leur jupe ; et encore a l'i mil nous se mettrons la lettre de mort pour dire l'heure que c'est l'enterremént.

Cette semaine y en a pas eu aucun , mais sé qui a eur est de la chaleur.

Mama mia , a le bureau le termométro toujours y monte, sa fait que nous autes toujours on devait en bas , che a Negelle , que la ba quand

---

y vient le soir en et complot , alors avant d'aller a 'a soupe on va prendre un peu de l'air sur le boulevard , et là y avait tous les soirs de cette semaine quéque chose de nouveau, c'etait les petits ble qu'au lieu de crier comme l'habitude « terrible accident ... les Nouvilles... terrible assassinat... les Nouvelles ... », y inajoutait Le Débordement des Nouvelles...

C'est de la guerre vec le Maroc qui voulait dire ; moi je vous en parle pas mais à l'aute page vous se lirit la lettre que note correspondant espéciale y nous a envoyer de la bás...

PÉPÈTE-EL-COURO.

CHOSES SAINTES

Un jour, selon l'usage du temps, le pape Leon Ier donna sa main à baiser a une jeune pénitente.

La pénitente était jolie, ses levres étaient douces.

Léon Ier eut un tressaillement en donnant sa bénédiction.

La pénitente se retira en rougissant. C'était la première fois qu'une bénédiction apostolique produisait un tel effet.

Lorsqu'elle fut partie Léon eut un remords de sa coupable pensée.

Il regarda d'un air sévère sa main encore frémissante du baiser de la jeune femme et lui dit .

— Coquine ! tu ne recommenceras plus, y vais t'abattre.

En vain la main interpellée répondit-elle à Leon Ier

— O Saint-Père ! je vous assure que je suis innocente. J'ai tressailli, c'est vrai, mais bien involontairement. Le pouls est bien obligé de repeter les pulsations du cœur qui bat, le fil electrique est bien contraint de repercuter des mouvements de la pile qui fonctionne , la cloche est forcée de vibrer quand le battant est en branle. O ! Saint-Père, cher lieu te la pile, cher cœur la

---

La Barbe d'Adam

(Histoire mystique)

N'ayant ni vermouth, ni absinthe, Un jour d'été de tempe jadis, Adam ébranlait de ses plaisirs Les échos de son paradis. Il avait soif, nous dit Phineüe, En pur au bien démêleur, Il eût été content de boire Un bon Premier dûment sucré.

Or, la chose était difficile Car les cafés n'existaient pas .. Mais n'étant pas un imbécile, Adam se répéta tout bas : — Je vais sucer dans mon domaine Le jus d'un bon arbre fruitier. Et il dégote, non sans peine, Le tronc joyeux d'un amandier.

Donc, collant sa face de marbre, Blanche et jolie on ne peut plus, Il se gonfle du jus de l'arbre, Ainsi que l'eau fa t un Bacchus, Puis il s'endort sous le feuillage, Plein comme un œuf, fier comme un duc, Sans se soucier de son visage Barbouillé de gomme et de suc.

Mais un singe sous la ramure Voulant aussi prendre le frais, Vient et s'assoit sur la figure D'Adam qui ronfle bien en paix. La chaleur agit avec force Sur la gomme et c'est évident, Le singe voit son... bas de torse Collé sur le menton d'Adam !

Embêté, l'animal s'affole Criait . « Ibru, par mes pieds poilus, J'ai la peau du .. dos qui s'decolle ! Mais Adam tire tant et plus Que singe, je le certifie L'homme a trop de poil au menton Tandis que le singe en partie N'en a pas de tout au ... croupion !

GARIBALDO-VALCELLI.

Tous droits d'exécution et de reproduction réservés pour tous pays

---

lattant, mais ne me coupez pas !...

Léon Ier fut inflexible. Il saisit un grand couperet et abattit la main.

Cependant la légende le ajoute qu'a la prière du pape le ciel lui rendit sa main, a la condition formelle que desormais les papes tendraient aux levres des fidèles, non plus leur main, mais leur pied.

De là l'usage venu jusqu'à nous de baiser les durillons des papes.

(*Histoire des papes*, par Gorenflot).

HYMNE A LA PAIX !!

Maintenant, c'est l'époque
Où partout on parle de paix,
Plus d'armée que s'entre-loque,
Partout le règne de la Vraie aile !

Déjà contents au ministère
L'on verse dans la régime fraterne !
Papa-Louette n'est pas en reste,
Il a verti un chant solennel

Que ce chant aux d'ci mi cube, m i
Raille à la paix les nobis cœurs
Plus de combats que a l'alume
Conduisent les nations sœurs.

Enfantion, nous commençons :

LA MARSEILLAISE DE LA PAIX

(sur un air connu, avec accompagnement de tabacs — ardah tantos !)

Que les peuples se ruent la pomme,
Que l'air retentisse d'accords divins,
Gloire à la paix, que la guerre chôme
Que jamais plus ne coule le sang humain.
Déjà au Maroc, à Casablanca-la-Belle,
Un congrès pour la paix s'est enfin réuni ;
C'est dans le ciel qu'ils cèdent leurs querelles
Pour imiter la calme et placide Midi.

Refrain

Aimez-vous, aimez-vous,
Faites les fous, fous ci tra t tu,
Lassez-vous la gueule,
Nous n'sommes pas beguenlés
Aimez-vous, aimez-vous,
Faites les fous pleins des poux !!!

EL GALLO !

Au loin, le coq chanta
Pepica réveille son homme qui dormait près d'elle sur le matelas de varech, assis pas les nombreuses punaises nocturnes.
— Jose !
— Bas quos ! dit le dormeur en se frottant les yeux.

PAR EXEMPE !

En Algérie, c'est pas pasqu'y a beaucoup de mouches mais on aime arracher les *l* (formidabe, terribe etc.), ça sort mieux de la bouche.

On l'emploie comme en français naturel mais aussi en exclamatif de stupéfaction, vous allez comprendre !

— Mademoiselle, vous permettez que vous m'accordez cette danse ?

— C'est ça ! Vous vous êtes regardé dans la glace ?

— Eh ben ! Elle est par exempe, celle-là !

R. RADIGUET, *Le Bal du Comte d'Orgel.*

PAR-TERRE (laver le)

En France, dans les maisons, vous avez le parquet ou d'la moquette ; nous en Algérie, c'était le carrelage, c'est plus frais et plus propre. Surtout que la mauresque le lavait tous les jours, même en rouspétant, avec le chiffon à laver l'par-terre.

— Alors chaqu'fois qu'y faut que tu m'laves ce par-terre, c'est la même comédie ? Écoute, Fatma, que les choses soient nettes : si tu veux aller faire la bonne chez les Arabes riches, ti'es libre, hein ? Moi j'me lave les mains !

J.-J. ROUSSEAU, *Le Contrat social.*

PAS ASSEZ QUE

Extension d'adverbe pour exprimer que si encore c'était que ça, bon ! mais non, qu'est-ce vous voulez : on s'ra jamais tranquille !

Pas assez qu'on se tue à les élever, encore y faut qu'on les envoie à la guerre !

Eugène IONESCO, *Comment s'en débarrasser.*

PAS BONNE ÉCHAPPE !

Quand on était des gosses, qu'on jouait aux billes, on disait : « *Pas bonne échappe !* » chaque fois que la bille elle nous partait d'la main toute seule ou qu'on faisait semblant pour recommencer le coup. Maintenant qu'on n'est plus des gosses, ça nous est resté pour aute chose que les billes.

— Pourtant on aurait dit qu'elle voulait que ça !
— Elle veut pas, elle veut pas, qu'est-ce tu veux ? pas bonne échappe !

FEYDEAU, *Occupe-toi d'Amélie.*

PAS LA PEINE

On l'emploie comme *inutile* en français naturel mais chez nous c'est en plus ramassé.

Merci, vous : pas la peine de prophète en son pays !
Vous allez à la mer, vous trouvez pas d'eau.

EXODE, XXII, 9, *Le Passage de la Mer Rouge.*

PATAOUÈTE

Langue officielle des Français d'Algérie, formée d'espagnol, d'italien, d'arabe etc. mais surtout de français naturel. Comme un Po po po-pourri !

On dit aussi *le bônois*, soi-disant qu'y s'rait né à Bône et pas à Bab-el-Oued. Un proverbe connu, c'est : « *L'cimetièr' de Bône, l'envie de mourir y te donne !* » Edmond Brua, d'ailleurs, il a écrit des « Fables bônoises » célèbres.

Dans l'Introduction, j'vous analyse le pataouète en long et en large, d'une façon plus succincte et développée.

A Pékin, y parlent pas pataouète, c'est vrai, et le Maghreb il est pas encore Maghreb de Chine, mais d'ici pas longtemps, faites-moi confiance...

Alain PEYREFITTE, *Quand la Chine s'éveillera.*

PATCHO

De l'espagnol *pachón*, ça veut dire : flegmatique, moins y s'en fait, mieux y vit tranquille chè chè !

Voyou gentil, dégourdi, on dit aussi : *patchalet*, par extension mais en diminutif quand même.

— Ho Marilyn ? Rien que Paulo Mac Namara tu fréquentes ? Ce patcho fini ?

Billy WILDER, *Certains l'aiment patcho.*

PATOS

Mot qu'en espagnol c'est *pato*, ça veut dire canard, mais en Algérie, ça voulait dire *Français de France*, c'est-à-dire : pas un aigle.

— Écoute, ma fille, si tu te maries avec ce patos, j'te jure, j't'étouffe !

SHAKESPEARE, *Othello*.

PEAU DE ZÉBIE

Tiré de *zob*, le phallus des Arabes. Pendant la guerre 14, les tirailleurs algériens l'employaient pour dire que c'était rien, que dalle.

Les escargots, comment qu'on peut voir si y sont mâles ou femelles, y n'ont ni zob ni rien ! C'est pour ça qu'on les appelle des gastéropodes-zébie.

Edward ALBEE, *Zoo story*.

PERDRE LA FIGURE

Quand on nous a pas trop poussé dans les études, on dit *fugure* mais ça fait ordinaire. En signification c'est bien sûr *perdre lu face* mais l'expression chez nous a été défigurée.

> *Le bon roi Dagobert*
> *A mis son séroual à l'envers.*
> *Le bon Saint-Éloi*
> *Lui dit : « A l'endroit*
> *Faut que, Majesté,*
> *Vous le remettez... »*
> *Le roi lui dit : « J'te jure,*
> *Un peu et j'perdais la figure. »*

MONTESQUIEU, *L'Esprit d'Éloi*.

141

PIED-NOIR

Ce mot, qui veut dire Français d'Algérie, il est apparu comme ça, tout d'un coup, en 1957-1958, personne sait ni pourquoi ni comment. Une explication : dans la marine d'avant, les chauffeurs européens dans la soute à charbon, obligé qu'ils avaient les pieds noirs en débarquant. Pasque hein, même s'ils se les lavaient au bicarbonate de soute...

Une aute explication : les Arabes d'avant avaient tous des babouches blanches, alors quand ils voyaient les métropolitains du temps du maréchal Bugeaud s'installer en Algérie avec leurs souliers noirs vernis...

Une aute explication encore : c'est les *patos* gaullistes du contingent, pendant les événements. Ironiquement ils nous ont appelés pieds-noirs pasqu'ils savaient très bien (vous m'avez compris !) que bientôt on allait montrer patte blanche pour qu'en France on nous intègre.

Dernière explication enfin : les Américains du débarquement en 1942, de voir tout ce soleil chez nous, ça leur a rappelé les Visages Pâles et les Peaux-Rouges. Et comme justement leur plus noble tribu, c'étaient les *Blackfeet*, les Pieds-Noirs...

Parmi les dolmens et les menhirs de nos ancêtres, quelle quiétude on avait ! Et maint'nant, avec tous ces Amoco-Cadiz, rien qu'y coulent, sur nos plages bretonnes : que des Pieds-Noirs, purée !

Pierre JAKEZ-HELIAS,
Le cheval d'orgueil et le cheval arabe.

PISSER DANS LE SABLE

Les Français de France disent *pisser dans un violon,* c'est peut-ête plus instrumental mais...

Pisser dans l'sable, on voit mieux qu'une fois votre affaire liquidée : perte sèche complètement.

— Alors tu m'crois pas, c'est ça ? Tout c'que j'te dis, c'est comme si j'pissais dans l'sable ?

François MAURIAC, Le Désert de l'amour.

PISSER DESSUR (se)

Dessur c'est une déformation de dessus, bon ! *Se pisser dessur* c'est comme se faire une pancha de rigolade, une expression de similitude qui en découle. C'est vrai, quand on commence à rigoler, qui c'est qui peut s'retenir ?

Quand j'étais p'tit, mon père m'a emm'né voir à « la Pagode » le film « L'Arroseur arrosé ». J'me suis pissé dessur, de rire !

Lanza DEL VASTO, Le Pèlerinage aux sources.

PLUS BEAU QUE MOI, TU MEURS !

Expression qu'on dit, moitié fanfaronnade pour rigoler, moitié qu'on l'pense intérieurement quand même, quand tout l'monde reconnaît qu'on est très beau, la vérité.

On peut sous-entendre deux sens. Un : si ti'es plus beau que moi, j'te tue ! c'est le sens western. L'aute, c'est : si ti'es plus beau que moi, tu t'suicides direct ! Car mon charme, c'est vrai, déjà que moi tout juste j'le supporte...

Y m'dit : « Plus beau que moi tu meurs ! » Moi j'le fusille du regard : y meurt en beauté !

Blaise CENDRARS, L'Homme foudroyé.

PO PO PO !

Ça vient de *Ba ba ba !* (en arabe : *Ya baba !* Ô mon père !), c'est une interjection pour quand on s'exclame d'ébahissement, éperdu d'étonnement admiratif ou ironique, tout dépend.

— Po po po ! cette petite, ma parole, je la respecte pluss que si c'était ma mère !

V. Nabokov, *Lolita*.

POUR PAS QUE

Dans l'Ardèche ou dans la Champagne pouilleuse, on dirait : *pour ne pas que,* mais chez nous, à quoi ça sert de se faire des *ne* ? On trouve que c'est assez négatif comme ça.

C'est pour pas que cette traversée elle soye en pure perte que j'm'ai dit : « Allez, laisse la route des épices, j'me découvre l'Amérique ! »

Christophe Colomb,
Journal de bord, de bâbord et de tribord.

POURQUOI

Ça a l'air embrouillé comme explication mais vous allez comprendre. A Bab-el-Oued, on dit *pourquoi* quand on veut dire *parce que.* Quelle raison ? *Por que* en espagnol et *perche* en italien, en sens c'est *parce que* mais en son, ça ressemble à *pourquoi.*

Les fakirs y charment les serpents pourquoi y jouent d'la flûte tandiss que nous autes les Occidentaux, on joue des flûtes devant les serpents, pourquoi c'est plus prudent.

René BARJAVEL, *Les Chemins de Katmandou.*

POURQUOI QUE

Comme donc *pourquoi* ça veut dire *parce que*, vous allez m'dire : « Ouais mais alors, comment vous faites pour demander vraiment pourquoi ? » On ajoute : que. *Pourquoi que* ça fait très bien locution conjonctive interrogative.

— Et pourquoi que tu sautes si vite de la première chaîne à la deuxième et à la troisième chaîne ? O purée, tu sais pas quel programme tu veux ?

Pauline RÉAGE, *Histoire d'O.*

POURRIR LE CŒUR

En France, quand quelqu'un vous fait d'la peine, vous vous décomposez. En Algérie, on sent les choses autrement : on a le cœur gros de tout c'qu'y nous a fait, cette pourriture !

J'lisais Pascal, j'tombe sur « Que le cœur de l'homme est creux, et plein d'ordures » et ça m'a rapp'lé quand Gladys Narboni elle est partie en m'disant : « Tu m'as pourri le cœur ! »

ALAIN, *Histoire de mes pensées.*

POURRITURE !

Un Français de France en colère comme tout contre un aute, qu'est-ce qu'il lui éructe, véhément ? Qu'il est un dégueulasse, un infect personnage, un type puant. Nous c'est pareil, on lui dit, en plus ramassé, qu'il est une pourriture !

— Dis, j'ai d'l'amour-propre, hein ? J'allais m'remettre avec cette pourriture ? Dans d'beaux draps j'aurais été, ouais !

Dominique ROLIN, *Le Lit.*

POUSSE-TOI UN PEU DE LÀ !

C'est pas bouger dans le sens de : *Ôte-toi de là que j'm'y mette !* c'est, en moins déplacé : *Tu peux pas m'faire un peu d'espace que j'respire, non ?* De l'air que vous lui dites, l'aute se pousse (mettez-vous à sa place) et oilà !

Ho ! mon collègue ? J't'ai dit : « Pousse-toi un peu de là... ti'es fixé ? »

Yves BONNEFOY,
Du Mouvement et de l'Immobilité de Douve.

PROFITER

Verbe qu'on emploie, nous, toujours intransitif. Bon ! si vous voyez pas bien, regardez les autes dictionnaires. Si j'dois vous expliquer aussi les transi-

tifs, intransitifs, hein, j'veux bien vous être utile
mais...

— *Quel pourri, mon dieu ! Pendant que les autes y me
tiennent, toi tu profites ?*

SADE, *Les Infortunes de la vertu.*

PUNAISE !

Tic de langage, y en a qui disent que c'est freudien,
un transfert de *Putain !* Comme en psychanalyse c'est
pas simple (eux quand y s'allongent sur le canapé c'est
pas pour taper la sieste) mieux que vous employez
Punaise ! en exclamation inconsciente.

— *Ô punaise ! reprends le petit, va, que je suis tout
trempé !*

Jean COCTEAU, *Les Enfants terribes.*

PURÉE

En français naturel du Larousse ou en français non
conventionnel de Jacques Cellard et Alain Rey, c'est
culinaire comme origine et ça veut dire : *la mouise.*
J'veux pas en faire un plat, mais en pataouète c'est pas
ça du tout. On dit : *Purée !* comme on dit aussi
Punaise ! exactement comme les Marseillais disent
Putain ! Vous remarquez que *Purée* et *Punaise*
commencent aussi par *Pu* comme *Putain* mais en
faisant moins mal élevé ? Bon, hein, moi j'ai fait c'que
j'ai pu.

— *Purée ! Cinquante fois par jour faut qu'j'm'enlève
la robe pour tous ces clients ?*

Jeanne CORDELIER, *La Dérobade.*

PURÉE DE NOUS Z'AUTES !

Là, c'est plus fort, on est dégoûté comme tout, presque découragé c'est vrai, c'est une plainte exclamative qui nous échappe. Comme si, pour de bon, c'était à s'taper la tête contre le mur des lamentations. Mais faut pas exagérer, hein, on s'en sortira, y a pire que nous !

La purée de nous z'autes, va ! Peuple élu soi-disant et total : toujours ballotté à droite et à gauche à cause la diaspora !

MAÏMONIDE, *Le Guide des égarés.*

PURÉE DES COQS !

Qu'est-ce qu'y viennent faire les coqs, les malheureux, dans cette expression ? Du surréalisme ou d'la métaphysique ? Peut-ête simplement de la dérivation sémantique puisqu'on l'emploie quand on se dresse sur ses ergots.

Quand y m'a dit qu'y le faisait soixante-dix fois dans une nuit, la purée des coqs, aux cent coups, j'étais !

Alfred JARRY, *Le Surmâle.*

QUE

Mot-charnière qu'on l'emploie pour *dont, auquel, duquel, où,* tout c'qu'y faut, pour tout dire, l'essentiel c'est qu'vot' phrase elle coule bien.

Que les trois côtés du triangle y z'auraient pas été égaux, peut-ête ça vous aurait été équilatéral mais vot' triangle, il aurait perdu la figure, c'est moi que j'vous l'dis.

Blaise PASCAL, *Essai sur l'esprit géométrique.*

QUÉ

Adjectif interrogatif et exclamatif en même temps, que vous l'employez pour *quel* ou *quelle*, tout dépend du genre que vous avez avec vot'phrase.

Qué outrecuidant que ti'es ! Si tu t'écoutes, d'un bras tu t'applaudis, de l'aute tu t'portes en triomphe, toi ?

Joseph KESSEL, *Le Lion.*

QUITTE CE MANTEAU !

Ce manteau ou aute chose, hein ! C'est pour vous dire que le verbe quitter, nous, on l'emploie pas pour abandonner un lieu ou une personne mais des vêtements plutôt. Vous m'direz : « Et *quitter la robe ?* » Rigolez pas, va ! C'est sous-entendu la profession de juge ou avocat, pour qui vous m'prenez ?

Nous pour *Quitte ces lieux !* on dit : *Bouge-toi de là !* ou *Pousse-toi !* Et pour *J'vous quitte pour un moment* on dit : *Allez tchao et que le bon Dieu y vous l'allonge !* ou aute chose d'aussi expéditif.

Ne m'quitte pas ce manteau, j'te dis que tu vas encore m'attraper à sa'oir quoi !

François NOURRISSIER, *La Crève.*

149

RABIA

Rage italienne terrible, quand on l'a : les yeux nous sortent de partout mais après, on s'emporte pas plus mal, grâce à Dieu !

> *C'est alors que Soutine*
> *Il s'est tapé Titine*
> *Et alors Picabia,*
> *Il a eu la rabia.*

> Francis CARCO, *La Bohème et mon cœur.*

RAHAT-LOUKOUM

En pâtisserie vous savez c'que c'est, et en arabo-turc : de *raha* (repos) et *halqūm*, pluriel de *halq* (gosier), c'est *repos du gosier.*

— *Tu m'embrasses encore une fois, ma chérie, et après : des bons rahat-loukoums !*

> Christiane ROCHEFORT, *Le repos du guerrier.*

RAMDAM

Ça vient de *Ramadan,* le jeûne qu'y font les Arabes tout un mois mais jour par jour, ils mangent le soir. Comme ils fêtent joyeusement et bruyamment c'mo-ment, *faire le ramdam,* de *faire le Ramadan* c'est venu *faire le boucan.*

— *Les gosses, si vous faites du ramdam, j'vous jure que vous m'entendrez, hein ?*

> DOSTOÏEVSKI, *Cri mais châtiment.*

150

RATON

Voir *Bicot, Bougnoule, Crouillat, Melon, Tronc d'figuier*, c'est pareil : un Arabe d'Algérie en péjoratif. J'vous donne pas de citation littéraire, les auteurs mal élevés du qu'en dira-t-on, j'les ignore.

REMETTEZ-VOUS !

C'est une invitation qu'on fait poliment aux gens qui viennent chez vous. Ça veut dire qu'y peuvent quitter leur manteau, s'mettre bien à leur aise, s'installer.

Quand elle l'a vu rentrer elle a poussé un cri de frayeur et reculé, la pauve ! Alors le docteur lui a dit gentil :
— « Remettez-vous, madame, faites-moi plaisir ! »

Paul MORAND, *Feuilles de température.*

REMUER LA PLAIE

En français châtié, c'est remuer *le fer dans la plaie*. En pataouète, c'est une langue plus douce, souffrez qu'on enlève le fer, vous permettez ?

— Qu'est-ce ti'as mon fils ? Encore ti'as d'la peine pour cette fille qui t'a pourri le cœur ?
— Arrête, manman, c'est pas ça... Ne m'remue pas la plaie...

GOETHE,
Les Souffrances du jeune Werther.

RH'LAH

C'est le caca en arabe, comme onomatopée, ça tombe bien.

— Leur représentation, à la Comédie-Française, d' « On purge bébé » ? D'la rh'lah, j'te dis ! Tandiss que nous, dans ma mise en scène, tu vas voir comment qu'on va l'sortir...

LEPRINCE-RINGUET,
Le Grand Merdier ou l'Espoir pour demain.

RIEN QUE

Tournure restrictive très appuyée pour bien faire ressortir le cas particulier que ça subordine.

C'est pas juste, quand même, rien qu'à moi elle punit la maîtresse !

Soeren KIERKEGAARD, *Traité du Désespoir.*

ROSEAU (se tenir un)

Cette expression, A. Lanly la tire (comme on tire sa flemme) de l'italien *far-ozio,* faire oisif. Pour autant que cela paresse, on peut pas trouver mieux, j'vais pas m'fatiguer à chercher aute chose.

L'homme est un roseau, mais un roseau pensant, la preuve, tenez : en Algérie, rien qu'au roseau, il pense !

PASCAL, *Les Pensées reposantes.*

Rendez-vous à la fontaine.

SAC D'EMBROUILLES

C'est un embrouillamini qu'on devrait même dire un embrouillamaxi. Que même vous êtes débrouillard... Bon ! j'vous souhaite bonne chance.

— L'affaire est dans le sac, mais j'vous dis pas quel sac, hein ?

Balzac d'Embrouilles, *Une ténébreuse affaire.*

SAC DE NŒUDS

A mettre dans le même sac que sac d'embrouilles à part peut-ête qu'à cause de nœuds, le sens a un contenu (quel mot !) plus érotique.

— Et ouais, mon cher, ce matin c'était Julien, à midi c'était Alfred et c't'après-midi c'est vous. Mes amours, c'est un vrai sac de nœuds ! Vous m'prenez la main dans l'sac, vous allez pas vous plaindre, non ?

Emmanuelle Arsan, *Emmanuelle.*

SALAMALEC

A l'origine, *salâm'a laïk*, « que la paix soit sur toi ! » c'est une formule de salut des Arabes pour se dire bonjour quand ils se rencontrent. En pataouète (et même en français naturel, ils nous l'ont pris) *se faire des salamalecs*, c'est l'expression pour quand on s'exagère tous les « Po po po comme j'suis content... », « Ma parole quelle bonne surprise... » etc. moitié ironiques moitié qu'on est obligé, dans la vie faut êt'poli, qu'est-ce vous voulez !

Faut êt' diplomate, qu'est-ce vous voulez! Tous ces salamalecs qu'on s'faisait, tout' la soirée j'l'ai eu sur le dos!

Roger PEYREFITTE, *Les Ambassades particulières.*

SALAOUETCHE

Du temps de Paul Achard (qu'il a écrit un livre de ce titre, j'vous en donne un extrait, partie anthologique) c'était un voyou des rues, bon à tout et bon à rien.

Cagayous (vous l'avez vu à C) se disait « le roi des salaouetches ». Ça doit venir du turc *salaouatchi*, maître du camp des lutteurs, toujours très pauve dans la lutte pour la vie.

Maintenant le mot s'est perdu, on dit *patcho*, c'est moins turc mais pluss algérois.

— Ti'as vu ces ouatères comme y sont? Mais d'où y sortent ces salaouetches qui...

— C'est ça! L'enquête sur les lieux, j'vais t'faire maintenant!

Robert WIENE,
Le cabinet à la turque du docteur Caligari.

SAROUEL

On dit aussi *saroual*, c'est le grand pantalon bouffant qu'y mettent les Arabes, ça aère dans les pays d'soleil.

Avec ce sarouel qu'y z'ont, tout ballottant, qu'est-ce tu veux qu'je vois si y m'cachent pas un pistolet ou quoi?

Yves COURRIÈRE, *Les Fils de la Toussaint.*

SARRACQUER

De l'arabe *srak* que ça veut dire voler. Dans le sens de *faire main basse* en faisant attention qu'on vous fasse pas « Haut les mains ! » Oussinon vous l'aurez pas volé mais ça c'est une autre affaire.

Pendant qu'en rigolant avec l'hôtesse de l'air, j'lui disais : « Dégrafez vos seins durs », l'aute y me sarracquait le portefeuille.

Saint-Exupéry, Vol de nuit.

SCABÈTCHE

De l'espagnol *escabeche*, que c'est de la saumure, on en a fait une sauce d'accompagnement de sardines : vinaigre avec votre huile de friture, sel, ail, laurier, piment de Cayenne, c'est un régal vous verrez.

— Écoute, j'suis très accommodant mais ta scabètche, j'retiens l'adresse, hein !

Steinbeck, Rue de la Sardine.

SCAPA (faire)

C'est de l'italien *scappare* que ça vient. A toutes jambes puisque c'est dans le sens de fuir, justement. Vous m'suivez ?

On n'a pas attendu qu'ils nous z'agitent le mouchoir, ma parole ! Comment que tous on a fait scapa !

Léon URIS, *L'Exodus.*

SCHKOUMOUNE

Du corse *scomun* ou de l'italien *scomunica*, ça vient du latin *excommunicatio :* excommunication. Porter la schkoumoune, c'est porter la guigne, mettre les yeux. Cellard et Rey, dans leur « Dictionnaire du français non conventionnel », y datent l'expression de 1960 (du livre d'Auguste le Breton « Langue verte et noirs desseins ») mais, c'est ça la schkoumoune ! y connaissent pas les dates d'Algérie.

Lui, avec la schkoumoune qu'il a, y s'mettrait à vendre des lampes que la nuit, ma parole, d'un coup elle tomb'rait plus !

PLUTARQUE, *La Vie des hommes obscurs.*

SCOUZA

De l'italien *scusa :* excuse (-moi). S'emploie comme prétexte, raison de faire semblant, soi-disant que c'est pas le vrai motif et total...

J'li'ai levé la main pour lui donner un taquet mais c'était scouza pasqu'elle avait l'hoquet.

Edward ALBEE, *Qui a peur de Virginia Ouf ?*

SEC (l'avoir)

Quand on joue aux cartes et que l'as on l'a sec, on commence à avoir peur, c'est peut-ête de là, l'étymologie de l'expression. A moins que c'qu'on a sec, c'est aut'chose d'anatomique... Pas une carte mais nous qu'on doit s'retourner ?

Quand devant, à droite, à gauche, derrière, partout, j'ai vu l'spectacle... j'peux vous dire, mon Dieu, que j'l'ai eu sec, d'abord !

J.-M. Le Clézio, Le Déluge

SÉPIA

Du valencien *sipia*, une p'tite seiche mollusque, vous la faites comme le calamar, voir ce mot. J'vous ai dit, hein ? Avec le noir qui lui reste après qu'elle en a jeté à la figure du pêcheur quand il l'a prise : c'est meilleur qu'à l'armoricaine.

Je li'ai dit, toute gentille : « C'est pas comme ça qu'ma mère elle fait les sépias... » et tu sais c'qu'y m'a fait, ce calamar ?

Gaston Leroux, Le Parfum de la Dame en noir.

SIDI

Regardez comme c'est drôle : quand on dit *Sidi Cacaouette* d'un Arabe, c'est pour s'moquer, hein ? Et ben, c'est tout déformé ! Un *sidi*, en réalité, c'est :

Mon Seigneur. En arabe *Sid* (comme Campeador, en somme) : seigneur, et *i*, suffixe possessif : mon.

— *Écoute, y sont entre sidis dans leur tente et ce qui s'y dit, où j'peux t'le dire ? Ceci dit...*

G. Roy Hill, *Butch Cassidy Bel-Abbes et le Kid.*

SIESTE

De l'espagnol *siesta* et du latin *sexta* (sixième heure), vous allez me dire : « On sait c'que c'est, c'est provençal. »

Aouah ? Méditerranéen, peut-être mais de toute façon : vos Méridionaux et nous, on n'est pas du même bord ! Entre faire la sieste à Saint-Laurent-du-Var et la taper à Notre-Dame d'Afrique, y a un monde, j'veux pas être cruel !

A cause du climat d'abord ! J'vais vous faire maintenant des tableaux comparatifs des températures caloriques ? J'vais vous dire la différence qu'y a entre le sirocco et le mistral ou la tramontane ? Et l'abîme sociologique de l'ambiance ? Nous, la sieste, c'est pas un sommeil réparateur comme si on serait déjà sur la voie d'garage. On tape pas la sieste, nous, comme les boxeurs : en dormant à poings fermés.

Etc. etc. La sieste, en Algérie, c'est un déjeuner de soleil, la satisfaction du travail accompli le matin à la fraîcheur, le sommeil du juste sans aller le chercher de midi à quatorze heures.

Not'sieste à nous et vot'sieste à vous, excusez-moi, mais c'est le jour et la nuit.

> *Ces nymphes, je les veux perpétuer. Atso*
> *Son flanc léger que paf ! y roule in extenso*
> *Rien qu'à côté de moi, satyre au flanc agreste*
> *Ma chair elle est pas triste et lasse avec la sieste.*

> Mallarmé, *L'Après-midi d'un faune.*

SIMOUN

De l'arabe *samūm*. Un vent caniculaire au summum ! Vous pouvez l'employer comme *sirocco*, le sens, c'est pareil : sud-est, direct du désert.

On a eu l'temps d'souffler, franch'ment ? Ni j'ai calculé la vitesse du vent, ni j'ai pu m'dire « C'est l'simoun ou l'sirocco ? » que hein ! on a sablé tout sauf le champagne !

Georges BERNANOS, *Sous le Soleil de Satan.*

SIROCCO

Ça vient de l'Orient (en arabe *sērqi*) l'*Usuel* du Robert dit : de l'arabe maghrébin *shulūq* par le génois, mais c'est du vent. Violent, il vous arrive tout chaud tout bouillant, direct du désert. En Algérie, on avait les sauterelles et tout. En France, avant que vous savez c'que c'est !... Y f'ra chaud, va !

— Tu trembles, Calchas, mais tu tremblerais encore pluss si tu savais que, quel bon vent vous amène ? Le sirocco, et ouais !

EURIPIDE, *Iphigénie en Torride.*

SMALA

De l'arabe *zmāla*, c'est une grande famille nombreuse nomade qui s'baladait avant avec toutes leurs tentes.

Si tu veux, ma chérie,
Toi et moi, qu'on s'marie
J't'enlèv'sur l'dromadaire
On chant' « la rholila »
Et foi d'Abd-el-Kader
Je te fais un' smala
Qu'ell'sera légendaire !

Paul GÉRALDY, *Toi et Moi.*

SOUA-SOUA

En arabe *swā-swā*, c'est très bien, parfait, qu'est-ce vous voulez d'mieux même si vous êtes difficiles ?

Soit qu'on est gentille à leur endroit, soit qu'on leur tourne le dos à cause qu'on boude, pour eux, l'amour c'est soua-soua.

Simone DE BEAUVOIR, *La Femme rompue.*

SOUBRESSADE

Comme du chorizo basque mais en plus gros et qui serait pas fumé. Une sorte de saucisse rouge toute fraîche avec du sang d'cochon et l'reste. L'étymologie, ce s'rait du mahonnais *sobrasada*, cuite dans d'la braise. Ce qu'on est sûr, c'est qu'y faudrait être soubressadique pour croire que ça vient du soubresaut à cause que c'est très piquant.

— Elle a l'air très bonne, cette soubressade ! D'un côté, c'est sûr'ment un péché de pas en manger mais de l'aute...

SARTRE, *Réflexions sur la question juive.*

SOUPE DE FÈVES

Pareil que *sac d'embrouilles* ou *sac de nœuds* mais en plus culinaire, pour mieux voir qu'on en a soupé, d'cette situation !

Un problème de rien ! « Étant donné qu'y a 24 carottes dans un kilo, combien qu'y a d'carottes dans une demi-livre ? » Et ben, ti'aurais vu la soupe de fèves qu'il a fait comme solution !

Antoine BLONDIN, *Certificats d'études.*

SPAHI

Du turc *sipâhi* et de l'arabe *sbayhi*, c'est un cavalier d'l'armée d'Afrique avec un grand burnous.

> *Cadre noir = Saumur*
> *Cosaque = steppe*
> *Spahi = désert*
> *4 cavaliers = Apocalypse*
> *Total... 1 + 1 + 1 + 4...*

Tristan TZARA,
Sept Manifestes Dada.

TÂCHER MOYEN

C'est essayer mais avec toute la conviction qu'y faut pour bien faire réussir la tentative.

Alors il li'a dit : « A la tienne, Étienne ! » et Étienne Marcel a levé son verre en disant : « Tâchez moyen d'en finir vite avec cette guerre de Cent ans, va ! »

Daniel HALÉVY,
Essai sur l'accélération de l'Histoire.

TAFANAR

C'est le derrière des Italiens, *tafanàrio*, très employé à Marseille et à Alger, bien sûr, comme partout.

Comme une malle arabe, elle avait le tafanar ! Et j'me disais que si on serait ailleurs...

Michel JOBERT, Mémoires d'avenir.

TAÏBA

De l'arabe *tāyeb* (y a un nom propre juif d'Algérie, *Taïeb*, ça doit venir de là) de l'arabe *tāyeb*, donc, à l'origine c'est : cuit. *Taïba cette sauce !*, cuite à point. Ça s'est allongé ensuite, en développement sémantique, dans le sens de : beau, très bien.

— Il est pas bien ce taillis bas ?
— Taïba !

André GIDE, La Symphonie pastorale.

TANNÉE

En français naturel, c'est le bon vieux tan, qu'il a servi à nous faire le cuir. En pataouète, c'est une bonne raclée qu'y va vous en cuire.

Ma parole, on dirait madame que les gosses, vous savez pas c'que c'est ! Qu'une bonne tannée de temps en temps...

SCHOPENHAUER, Sur le Fondement de la morale.

TAPER

Action de frapper mais en calculant vot' coup pour pas faire trop mal.

Il est pas méchant, mon père, rien qu'y tape.

Pearl Buck, *Fils de Dragon.*

Des fois, on emploie ce verbe sous-entendu en faux pronominal : taper un bras d'honneur, etc.

Ça coupe bien la journée de taper une bonne sieste !

Claudel, *Le Partage de Midi.*

TAQUET

Étymologie, j'sais pas. En sociologie : un il est en colère ou quoi, il vous tape. Pas à vous abîmer complètement mais quand même ça peut faire mal. Surtout si vous êtes un peu douillet.

— Ti'es pas folle, non ? Moi j't'ai donné un taquet que comme ça ! Moitié pour rigoler, moitié lutte amoureuse ! Tandiss que toi, tu t'rencontres ?...

Garcia Lorca, *Noces de sang.*

TCHALEFFE

Edmond Brua le tire de *scialivo*, en italien, salive. Ça ressemble tout craché mais on n'est pas sûr que c'est la bonne source. En tout cas, ça veut dire mensonge tellement gros que si vous le croyez, alors hein, c'est tout sauf du lingouisme.

— Toutes ces histoires sur la police montée, c'est que des tchaleffes !

— Des tchaleffes ?

— Exempe : tu veux m'dire comment qu'y font alors, pour une descente de police montée ?

CAVELIER DE LA SALLE, *Voyage au Canada.*

TCHAO !

Poète chinois qu'il est mort y a très longtemps mais c'est pas pour ça que *Tchao !* ça veut dire *Adieu !* c'est à cause de l'italien *Ciao !*

Çuilà, tu peux lui dire : Tchao ! Dès qu'y s'en va, on dirait qu'y revient !

Philippe SOLLERS, *Une curieuse solitude.*

TCHAPE

C'est la partie d'une boîte d'allumettes où y a un dessin collé. Y en a des très belles, elles sont rares. Surtout d'l'étranger. Quand vous jouez aux tchapes, vous lancez comme à pile ou face mais ça c'est pour les p'tits. Plus dur, c'est : une tchape entre le pouce et l'index repliés, le bas du pouce fait ressort contre le majeur, la tchape part en tournoyant. Si elle arrive en tombant à rester debout contre le bas du mur, vous êtes fort, vous avez gagné toutes les tchapes des autres qui sont tombées à plat comme des chiffes molles.

— Mais qu'est-ce tu cherches, mon chéri, depuis t't'à l'heure ? Tu veux tout m'mettre en désordre pour qu'ton père y crie, ce soir ?

— C'est pour qu'à l'école je joue aux tchapes avec mes camarades, à la récréation.

COURTELINE, *Théodore cherche des allumettes.*

TCHATCHE

De l'espagnol *chacharear*, bavarder, mais avec un bagout volubile comme tout, c'est peu de le dire.

Rien ne sert de discourir, faut répartir à point, c'est ça, la tchatche !

DESCARTES, Discours de la méthode.

TCHEKLALA (faire du)

L'origine, à part que c'est pas du tchèque, on sait rien. *Faire du tcheklala* c'est quand vous en faites beaucoup pour vous donner de l'importance, que c'est vrai, mieux vaut ête simple.

Le tcheklala qu'y fait, çuilà, total : qui c'est qui le voit ?

H.-G. WELLS, L'Homme invisibe.

TCHIC TCHIC

Vous, vous dites des dés. Pas à coudre, plutôt à en découdre pasque quand on joue, un croit toujours qu'on a voulu l'rouler (comme les dés) et ça finit par des coups en pagaille, pas quat'cent vingt et un, mais presque.

Alors y m'a dit : « Le Bon Dieu y joue pas aux dés mais une fois, le septième jour quand y se reposa, sûr il a dû jouer au tchic tchic oussinon comment il se les aurait roulés ?

Lincoln BARNETT, Einstein et l'Univers.

La Casbah.

TCHOUFFA

En espagnol, *chufa*, c'est une sorte de tubercule, comme un p'tit topinambour, y paraît que le jus, on en fait de l'orgeat. Comme ça s'dégonfle quand on appuie dessus, l'expression est venue pour quèque chose qui rate. Que tous vos efforts prodigués, résultat : vains sur vains.

— Alors tous les efforts que j'fais pour t'apprendre l'hygiène, toi, tchouffa ?

SARTRE, Les Mains sales.

TCHOUKTCHOUKA

Un y dit qu'ça vient de *tchoutchouk*, riz dans les dialectes d'Afrique occidentale, l'aute d'assaoir où, l'essentiel c'est qu'ça vienne comme y faut : poivrons, tomates, des œufs, l'huile, le sel, vous réduisez, réduisez, réduisez... A rien si vous savez pas vous arrêter mais ça fait rien, va ! recommencez. Ma parole, rien qu'de vous dire...

— Que dit le sage ? dit mon père. Que quand on donne au pauve on donne au bon Dieu, loué soit-il ! Rachel, y t'reste pas un peu de tchouktchouka que tu lui donnes à ce brave homme ?

Élie WIESEL, Le Mendiant de Jérusalem.

TCHOUTCHE

Espèce de raie que son nom ichtyologique c'est pastenague (raie pastenague). En Andalousie ils disent *chucho*, à Gênes : *ciuccio* et à Agde : *tšutšó*, chacun sa science. Vulgairement, c'est un qu'il est bête, mais bête ! Pas à manger du foin mais des algues.

Puceau jusqu'aux yeux, j'le regarde, y rougit ; touť'nue j'me mets, j'lui demande suggestive : « Et maint'nant qu'est-c'j'vais faire de vous ? » Ce tchoutche : même pas y relève l'allusion !

Alphonse DAUDET, Le Petit Chose.

TÉLÉPHONE ARABE

En Algérie, les Kabyles, quand d'une montagne à l'aute y veulent prendre les nouvelles, « Quel bon vent vous amène ? » ou quoi, à cause des courants d'air et d'l'écho, y z'arrivent, justement, c'est c'qu'on appelle le téléphone arabe. Au lieu d'Allô allô, y disent : Allah Allah.

— Trop tard, mon Empereur !
— On a couru, hein ! Dès qu'j'ai entendu le son du cor...
— J'ai vaillamment combattu les Sarrazins avec ma Durandal mais...
— Pourquoi qu'tiʼas pas appʼlé tout d'suite par le téléphone arabe ? Avec les Sarrazins, en pluss, ça aurait marché !

LA ش ط ك DE ROLAND.

TÉMÉNIEK (faire un coup de)

Du verbe arabe *t'méniek*, en trivial, c'est consommer le mariage. Donc, vous voyez le genre, si je vous fais un coup de téméniek, c'est que j'vous l'ai mis bien bien. En glissant, ça a pris le sens : *duper*.

— En somme, il m'a fait un coup de téméniek avec le parfum qu'y m'a vendu !
— Parfum ? Tu t'fais toujours duper pour rien, toi, hein ?

Robert PENN WARREN, *Le Grand Souffle.*

TOMATE (s'avaler la)

Essuyer l'humiliation que la honte vous monte à la figure qui vient toute pourpre comme le fruit. En français naturel on dit : rouge comme une tomate mais nous, l'expression, elle est d'un art plus consommé.

Quand j'ai vu qu'une heure après, j'étais pas encore arrivé à me la farcir, alors je m'ai avalé la tomate.

VATEL, *Mémoires d'un maître-queux.*

TOMBER DE CUL

Les Français de France disent *tomber à la renverse*, c'est moins malséant peut-ête, mais ceci posé...

Le Duc me prit à part : — Quand y m'a dit : « Le Roi, j'm'asseois dessur ! » je suis tombé de cul mais j'l'ai relevé : « Moi, monsieur, le Roi n'est pas mon coussin ! »

IONESCO, *Les Chaises.*

TOTAL

En somme, c'est *résultat*.

J'croyais qu'c'était Grouchy, total, c'était Blücher !

NAPOLÉON, Lettres à Joséphine.

TOUBIB

Mot très connu. Çuilà qui sait pas c'que c'est, mieux qu'y va s'faire soigner. Dans les popotes militaires, c'était le docteur (de l'arabe *tbëb*). Les médecins civils, à l'époque de la colonisation, y z'aimaient pas qu'on les appelle toubibs, ça les rendait malades.

— Tous ces bleus que ti'as sur le corps, ma fille ! ! !
— C'est rien. Le toubib pour me circuler le sang.

Françoise MALLET-JORIS, Les Mensonges.

TOUCHE PAS UNE (n'en)

On dit ça de quelqu'un, le malheureux, qu'il n'a pas de chance du tout, tout c'qu'y fait, aouah ! ça rate sec.

Maintenant, j'ai pas à me plaindre, grâce à Dieu, mais au début, c'est vrai, j'en touchais pas une.

CASANOVA, Mémoires.

TOUCHER LA MAIN

C'est *serrer la main* en moins fatigant comme geste sans compter... qu'c'est plus touchant bien sûr !

Ho ! Tout c'que vous venez de toucher comme bénéfices et encore vous voulez m'toucher la main ?

Barbey d'Aurevilly, *Le Chevalier des Touches.*

TRAVAIL

D'un emploi peu fréquent en Algérie à part dans les expressions *casser le travail, travail arabe* et *travailler chômeur.*

Qu'est-ce c'est qu'ce travail ? J'vous ai dit : « Repos ! », non ?

De Gaulle, *Vers une armée de métier.*

TRAVAIL ARABE

Travail qu'on voit tout d'suite qu'il a pas été fait par un technicien ou un technocrate.

— C'est toi, hein, qui m'a fait c'travail arabe ? Allez, sois franc pour une fois.

Gaston Bonheur, *Qui a cassé le vase de Soissons ?*

TRAVAIL (casser le)

C'est quand quelqu'un vous empêche d'œuvrer comme y faut, de quoi il s'occupe, franchement ?

Chaque fois que j'le monte en haut, allez, Jupiter me casse le travail, le roc y redescend. Quand il arrivera, purée, l'instant des Sisyphe ?

Georges ARNAUD, *La plus grande pente.*

TRAVAILLER CHÔMEUR

Feignant comme tout, il a même pas honte ou alors y dit qu'y s'active comme tout pour trouver un emploi : aouah !

— Qu'est-ce tu veux faire, mon p'tit, quand tu s'ras grand ?
— Travailler chômeur.

J. ROMAINS, *Les Hommes de bonne volonté.*

TRONC D'FIGUIER

Voir *Bicot, Bougnoule, Crouillat, Melon, Raton,* vous l'savez maintenant que c'est : Arabe d'Algérie en péjoratif. Si c'était pas aussi du lingouisme, tiens, j'emploierais des mots comme ça ! Et pour la citation littéraire, excusez-moi, j'vous l'ai déjà dit, mais ce genre de références...

TUER

Infinitif qu'en Algérie c'est pas définitif comme en France. Quand on dit qu'on est tué (d'abord on pourrait pas le dire !) c'est simplement, grâce à Dieu, qu'on est abasourdi complètement.

Sarah, comme une folle elle était : — Si tu li'as touché un cheveu d'sa tête, à Isaac, ce p'tit...
Abraham a haussé ses épaules :
— N'aie pas peur, va ! Mais c'est vrai, quand l'Éternel m'a dit ça, y m'a tué, dis ! Moi qui m'sacrifie tellement pour mes enfants...

Jean D'ORMESSON, *Dieu, sa vie, son œuvre.*

UN PEU QUE

Quantitatif bien sûr mais, à cause du *que* restrictif, avec quèque chose en pluss d'approbatif assez rébarbatif.

— Vous avez pas vu la croix qu'on se porte sur le dos ? Un peu qu'on est comme les apôtres ! Même que not'devise c'est : « Un pour douze, douze pour un ! »

Alexandre DUMAS, *Les Trois mousquetaires.*

Des fois, c'est alternatif cumulatif.

— Et ouais ! Un peu que j'avais peur quand même, un peu qu'y fallait que j'me jette à l'eau...

Alain BOMBARD, *Naufragé volontaire.*

VA DE LÀ !

Pareil que *Allez va !* mais pas dans l'même sens d'*envoyer promener.* Moins direct. Pour dire : *Arrête un peu, ti'exagères !...* Partant de là, c'est plus gentil, bien sûr !

Elle, pour ce rôle ? Allez, va de là, va ! Ti'as pas vu ce cheveu qu'elle a sur la langue ?

Ionesco, La Cantatrice chauve.

VA FANGOULE !

De l'italien : *va in culo.* Très mal élevé, c'est littéralement : *Retourne dans le ventre de ta mère !* Je dis ventre pasque c'est plus poli et plus génétique comme réalité physiologique. En français naturel ils trouvent plus concevable de dire : *Va te faire refaire !*

— *L'abeille ouvrière tu connais pas, Roger ?*
— *L'abeille des ouvriers à la fin du mois, ça j'connais.*
— *Allez va fangoule, va !*
— *Ho Tonton, tu m'expliques ? Ti'es ésotérique quand même !*
— *Écoute. Le socialisme c'est comme une ruche et une ruche, ti'as vu comment qu'l'abeille elle la construit bien ?*

François Mitterrand,
L'Abeille et l'Architecte.

VA TE LA PILANCOUL !

Là, l'italien c'est *piglia'n culo*. Devinez comment y faut la prendre, j'parle de l'expression. A cause du mot en queue, et quand j'dis queue...

D'abord, la vocation de devenir prêtre, je li'ai tourné le dos. Mais quand une voix m'a dit : « Va te la pilancoul... »

Saint-François de Sales,
Introduction à la vie dévote.

VENIR

Ça vient de *devenir* et ça revient au même.

Quand j'ai plus entendu que les bêê et les mêê des moutons qui paîssaient tranquilles, j'ai repris mon tricot et j'm'ai dit : « Mon Dieu ! ou les Voix elles m'ont bien parlé ou c'est moi qui viens folle. »

Charles Péguy, *Jeanne d'Arc.*

VÉRITÉ, FRANCH'MENT (la)

Expression pour quand vous jugez que le moment est venu de connaître la vérité, rien qu'la vérité, toute la vérité, vraiment !

— La vérité, franch'ment, vous croyez que...
— Ma parole, j'suis sincère comme tout ! Faut qu'j'vous mets sur le billard, que j'vois c'que vous avez dans l'ventre.

Michel Foucault, *La Volonté de savoir.*

VINGA !

De l'espagnol *venga*, ça veut dire : *Vas-y !*

Alors Jupiter y m'a dit : « Comment tu t'portes, Atlas ? » et moi j'l'ai pris de très haut : — « Comment j'me porte ? Vinga sur le dos ! C'est un monde, quand même ! »

OVIDE, Les Métamorphoses.

VOTER LES MORTS (faire)

C'est, en période de vote, quand dans le corps électoral, y a une levée des corps d'électeurs qui n'ont plus de voix puisqu'y sont déjà au royaume des élus.

— Toi, ti'es l'élue de mon cœur ? Allez, va faire voter les morts, va !

VAN DER MEERSCH, Corse et âme.

YAOULED

Comme en arabe *uled*, ça veut dire « fils », aux p'tits cireurs on leur criait : *lā oulad* pour qu'y viennent avec leur p'tite boîte pleine de brosses, de chiffons et de cirage Lion Noir et c'est comme ça que le *yaouled* est né. Maintenant qu'on s'est emporté la patrie à la semelle des souliers, y brillent par leur absence, la vérité !

J'allais à ma chambre de l'hôtel, une porte elle s'ouvre dans l'couloir, un y me tend ses souliers, y me dit : « Tu m'les fais kif kif la glace de Paris. » J'lui fais : « Ho ! pour qui vous m'prenez ? Un yaouled ? »

Président DES BROSSES, Œuvres.

YOUYOU

Cri d'allégresse qu'elles poussent les mauresques quand c'est la fête chez elle, les mariages ou quoi.

A peine elles m'ont vu rentrer et qu'j'leur ai dit : « How do you do ? » les fatmas, contentes comme tout, m'ont crié comme des folles : « How do youyou ? How do youyou ?... »

Tristan BERNARD,
L'Anglais tel qu'on le parle à la Casbah.

Image de la vie quotidienne.

ZBOUBA !

Synonyme de *Bernique!* ça vient de l'arabe *zeb* qu'au pluriel c'est *zbob*, d'où la sonorité plus juteuse.

Scouza qu'elle avait la migraine terrible, moi, zbouba toute la nuit !

Gabriel GARCIA MARQUEZ, *Cent ans de solitude.*

ZLABIA

Ça s'prononce zlabi-a, c't'un gâteau arabe frit dans d'l'huile, tortillé comme un serpent et tout dégoulinant de miel. On l'emploie en pâtisserie bien sûr et dans l'expression : « Il a un œil qui fait la mata pendant qu'l'aute y vole un zlabia. » Pour un qui louche, comme sur un zlabia justement.

> *Maintenant sur la carte*
> *Vous voyez l'îl'flottante,*
> *Des éclairs, tout c'qui tente*
> *Des fois c'est pas d'la tarte*
> *Ou mêm'de la zoubia*
> *Mais des bons zlabias.*

Yves BONNEFOY, *Hier régnant desse t.*

ZOB

Phallus arabe, on dit aussi *zeb* ou *zep*, tout dépend comment vous mettez la langue et vous pincez les lèvres. A l'école de la Place Lelièvre, quand on était petits, qu'est-ce qu'on rigolait quand M'sieur Bénaïm nous expliquait la langue d'Ésope, pourquoi comment !

— 61 % des maris y s'lèvent aux aurores pour aller travailler. Les z'autes y s'lèvent pour...
— Y s'lèvent pas aux aurores, y s'lèvent aux z'aubes ?

Le rapport KINSEY.

ZOUAVE

De l'arabo-berbère *zwāwa*, zouave c'est devenu le nom des soldats indigènes que le maréchal Bugeaud commandait pendant la conquête de l'Algérie. Lui, il avait sa fameuse casquette de m'as-tu vu (vous connaissez la chanson) et eux, le pantalon de zouave dont on a tiré... l'expression un peu relevée, vous la connaissez aussi.

— Quand même, ma fille, ti'as entendu parler de la main de ma sœur dans la culotte du zouave, non ? Bon ! Alors si tu veux pas qu'on s'bagarre...

MONTGOMERY,
Comment qu'j'ai gagné la bataille d'El-Alamain.

ZOUAVE (faire le)

C'est, en péjoratif, faire le dégourdi pour s'montrer intéressant.

Des millions, y vont s'perdre dans la nature! Y suffit que paf! un seul spermatozoïde fasse le zouave pour que...

Jules VERNE, Cinq semaines en ballon.

ZOUBIA

En arabe, c'est des ordures. Nous on en a fait une insulte pour dire à quelqu'un qu'il est moins que rien.

— Du beau tissu comme ça, d'chez Bouchara, tu peux pas faire un peu attention, non, zoubia que ti'es?

Elsa TRIOLET,
Le premier accroc coûte deux cents francs.

ZOUZGUEF (coup de)

L'étymologie de *zouzguef*, j'vous la donne juste après, vous allez voir, ça rentre mieux dans l'contexte. On fait un coup d'zouzguef à quelqu'un pour l'impressionner, on arrive mieux à ses fins, c'est connu!

Quand je pense, ce pourri, comment qu'y m'a séduite! Son coup de la main dans la main, les yeux dans les yeux, le jour y s'lève plus, un coup d'zouzguef, c'était, ouais!

Simone DE BEAUVOIR,
Mémoires d'une jeune fille rangée.

ZOUZGUEFS (faire des)

Ça vient de l'italien *fare lo schivo* (en napolitain *far u schivo*), ça veut dire : faire des manières comme tout. Mais pluss par politesse que pour le tcheklala (voir ce mot).

Elle m'a dit : « Non... j't'assure... j'ai pas très envie... un aute jour... n'insiste pas... » J'li'ai dit : « Ho! tu vas pas m'faire des zouzguefs maintenant devant un bon couscous? » C'est comme ça qu'avec Patricia Coquatrix, elle est devenue comme ma sœur.

Enrico MACIAS, *Non je n'ai pas oublié.*

La mer vue du Jardin d'Essai (Alger).

SALAMALEXIQUE

des mots qu'on s'rappelle
plus qu'on leur a pris aux Arabes

Quand Charles Martel les a arrêtés à Poitiers et qu'ils ont dû, obligé, retourner dans leur bled à vacarme et bagages, les Arabes, qu'est-ce qu'ils nous ont laissé comme mots d'adieu ! Tout un vocabulaire, vous allez voir cette liste ! Où bien sûr y a aussi du turc, du persan, du berbère, allez vous reconnaître ! Tous vous croyez qu'c'est des mots en français naturel que vous parlez pour l'amour du grec ou du latin et total : vous faites de la prose arabe sans le sa'oir car seul Allah sait tout.

Donc, pour donner un sens plus pur aux mots de la tribu (non, ça, ça vient du latin) regardez, regardez toute cette smala de vocables que ça fait...

abricot	: *al barqouq*.
alambic	: *al anbiq*, du grec *ambix* (vase à distiller).
alchimie	: *al kîmiyâ*.
alcool	: *al kohol* (antimoine pulvérisé).
alcôve	: *al qubba* (petite pièce).
alezan	: *al a'zar* (cheval à robe rougeâtre).
algarade	: *al gara* (attaque à main armée).
algèbre	: *al djabr*.
algorithme	: du nom du mathématicien arabe *Al-Kharezmi*.
aliboron	: philosophe hypothétique *Al Biruni*.
almanach	: *al mânakh* (tables du temps).
amalgame	: *al madjma'a* (fusion : origine de l'alchimie).
ambre	: *'anbar*.
amiral	: *amir al bahar* (chef de la mer).

arsenal   : *dâr-sinâ'a* (chantier naval).
artichaut   : *al karchoûf*.
assassin   : *hachichiya* (buveur de haschisch).
astrolabe   : *usturläb*, du grec *astrolabos*.
aubergine   : *al bâdindjan*.
avanie   : italien *avania* (impôt que les Turcs exigeaient des marchands chrétiens); emprunté à l'arabe *hâwan* (traître).
avarie   : *awariya* (dommages).
azimut   : *az-samt* (le chemin).
azur   : *lazaward* (lapis lazuli).

benjoin   : *bubân djâwi* (encens de Java).

caban   : *qabâ* (tunique à manches longues).
cafard   : *kafir* (qui n'a pas la vraie foi).
café   : *qahwa* (caoua).
cale   : *kallâ* (mouillage protégé).
calfater   : *qualfat* (rendre un bateau étanche).
calibre   : *qâlib* (moule en forme de chaussure).
camaïeu   : *qama'il* (bouton de fleur).
camelot   : *hamlat* (peluche de laine).
camphre   : *kâfûr*.
carafe   : *gharrâfa* (pot à eau).
carat   : *qirat* (graine de caroube).
caravane   : du persan *karwân*.
caravansérail   : du persan *karwân* plus *sarây* (maison).
carmin   : *qirmiz* (cochenille).
cramoisi   : *qirm'zi* (rouge de cochenille).
caroube   : *kharroûba*.
carquois   : du persan *tarkach*.
caviar   : du turc *havyar*.
chacal   : du turc *tchaqâl*, persan *chagâl*.
chagrin   : du turc *çagri*.
charabia   : *algharbîya*, espagnol *algarabia*.
chiffre   : *sifr* (zéro).
chômer   : grec *kaiein* (brûler), probablement retravaillé par l'arabe *kaw-yein*.
clebs   : *kleb* (chien).
cravache   : turc *gybâtch* (fouet de cuir).

douane   : *diouan* emprunté au persan *diwân* (registre de comptabilité), qui a donné aussi *divan*, c'est là qu'ils faisaient reposer leurs dossiers.

estragon   : *tcharkhoun.*
ébène   : grec *ebenos*, origine égyptienne.
échec   : altération du francique *shâk* issu du persan *shâh*. Echec et mat : *shâh mat* (le roi mort).
élixir   : *al iksir* (pierre philosophale et médicament).
épinard   : *isbinâk*, arabe d'Andalousie, issu du persan *aspânâkh.*

fakir   : *faqir* (pauvre).

galère   : *xalijâ*, du grec *galea.*
gazelle   : *ghazâla.*
gilet   : *jalaco* (casaque que les Maures faisaient porter aux prisonniers).
girafe   : *zarâfa.*
goudron   : arabe égyptien *qatrân.*
guitare   : *qîtara*, du grec *kithara.*

hasard   : *az-zahr* (jeu de dés).

jarre   : *djarra* (grand vase de poterie).
jasmin   : arabo-persan *yasîmîn.*
jupe   : *djoubba* (long vêtement de laine).

kaki   : persan *khâk* (terre, poussière).
kiosque   : turc *kienchk*, persan *konchk* (pavillon de jardin).

laiton   : *lâtūn* (cuivre).
laquais   : turc *ulaq* (courrier).
laque   : persan *lak.*
lascar   : persan *laskhar* (soldat).
losange   : *lawzinag* (gâteau aux amandes découpé en losanges).

magasin : *makhâzin*, pluriel de *makhzin* (dépôt).
maravédis : *morâbiti*, monnaie frappée sous la dynastie des Almoravides (*al murâbit*).
matelas : *matrash* (chose jetée étendue).
matraque : *matraq* (gourdin).
matras : *matara* (vase à long col).
mazout : *makhzulat* (déchets).
môme : *mahom* (Mahomet, idole).
momie : *moûmia* (bitume dont on enduisait les cadavres égyptiens). Dérivé de l'arabe *moûm* (cire).
mousseline : *mausili* (étoffe) de Mossoul, ville de Mésopotamie.
mousson : *mausim* (saison et vent saisonnier).

nacre : *naqqâra*.
nadir : mot arabe, rien à dire d'aute.
nénuphar : *nînûfar*.
nuque : *nuqâ* (moelle épinière), *nukra* (nuque).

odalisque : *odaliq* (chambrière).
ogive : *al-jibb* (citerne couverte d'une voûte d'arête).
orange : *nârandja*.

papegai : altération de *habbaghâ*.
pastèque : *bättikha*.
patache : *batas* (bateau à deux mâts).
patraque : probablement de l'arabe *pataca* (pièce d'argent).
percale : turco-persan *pârgâlä*.

rame : *rizma* (paquet de papier).
récif : *ar-rasîf* (chaussée, digue).

sacre : *çaqr* (oiseau de proie).
safran : *za'farān*.
sagaie : *az-zghaÿa*, berbère.

sarabande	:	arabo-persan *sarbana* (coiffure de femme portée pour la danse, et la danse elle-même).
satin	:	altération de *zaytoûnî*, ville de Zaitoûn, en Chine : Tsia-Toung.
séide	:	personnage du « Mahomet » de Voltaire, *Zayd*, affranchi du Prophète, lui a été aveuglément soumis. D'où le substantif français.
semoule	:	*sĭmĭla* (fleur de farine).
séné	:	*senā*.
sequin	:	*dar as-sikka* (maison où l'on frappe la monnaie).
sirop	:	*charāb* (boisson).
sorbet	:	arabe vulgaire *chourba*, arabe classique *charbāt*.
sofa	:	*suffa*, coussin.
soude	:	*suwwād* (mal de tête) ; plante servant de remède.
sucre	:	*soukkar*.
taffetas	:	turco-persan *tâfta* (tissé).
talc	:	*talq*.
tambour	:	*al-tambur*.
tarif	:	*ta'rîf* (notification).
toque	:	persan *tâq*.
truchement	:	*turdjumân*.
turban	:	turc *tülbend* (fleur).
zénith	:	*samt* (chemin au-dessus de la tête).
zéro	:	*sifr*, qui a donné aussi chiffre.

La cité interdite.

DICTONS
& PROVERBES
PATAOUÈTES

● Si ti'as faim, mange ta main et garde l'aute pour demain ; si ti'as soif, pisse et bois, la fontaine est à toi !

● Si tu bâtis bien ton mur, tu pourras t'appuyer d'ssur.

● Prends une femme de miel, la langue elle te fera tirer.

● Qu'au royaume des aveugles, les borgnes y sont rois, ça vous regarde en quoi ?

● La fortune vient en tapant la sieste.

● Çuilà, avant d'se jeter à l'eau, y s'crache dans les mains.

● Le borgne marche plus vite que l'aveugle mais l'aveugle qui dépasse les borgnes, c'est pas un aveugle courant.

● Vous volez quelqu'un, c'est pas un crime, mais si lui après, y vous tue pour s'venger, vous l'aurez pas volé !

● Çuilà, par-devant y t'passe la main dans l'dos et par-derrière : y t'crache à la figure !

● Pierre qui roule n'amasse pas mousse
Mieux tu t'roules un bon couscous.

● C'est de la discussion qu'ell' jaillit la lumière
Mais la tchatche entention l'ectricité dans l'air.

● Petit à petit, l'oiseau fait son nid, mais à force à force, y se fait l'entorse.

La rue des bouchers.

WHO'S WHO
des pieds-noirs pas assez connus

J'voulais vous en faire un complet-complet, total c'est trop d'travail, qu'est-ce vous voulez ! Un, si j'en oublie quelques-uns, tout' leur vie y vont s'en rapp'ler et deux : j'peux tout faire, moi ?

Au gouvernement c'est facile, même si y sont pas très connus, ils sont dans le Trombinoscope, tous les journalisses le connaissent. Jacques Attali et son frère jumeau Bernard, Michel Jobert, né à Casablanca et Alain Savary, né à Alger. Et André Cellard, Rabat et Joseph Franceschi, Tunis.

A l'Assemblée Nationale :

Emmanuel Aubert, né à Tunis. Claude Bartolone, pareil. Jean-Claude Cassaing, Rabat. Jean-Charles Cavaillé, Dellys. Pierre Dabezies, Casablanca. Bertrand Delanoe, Tunis. F. Deschaud-Beaume, Alger. Gérard Gouzes, Tlemcen. Gisèle Halimi, La Goulette (Tunisie). Marc Lauriol, Alger. Paulette Nevoux, pareil. Christian Nucci, Turenne (Algérie). Paul Pernin, Oran. Paul Quilès, Saint-Denis du Sig. Jean-Pierre Santa-Cruz, Sidi Bel-Abbès. Philippe Seguin, Tunis.

Et Georges Morin, chef de cabinet du Président d'l'Assemblée, il est né lui à Constantine.

Et Maurice Benassayag, né à Tiaret, directeur de cabinet du secrétaire d'État auprès (ou à côté) du Premier Ministre chargé (le pauve !) des rapatriés.

Et Roger Hanin, pas au gouvernement à part qu'il est le beau-frère de Tonton et qu'on travaillait ensemble à la B.N.C.I.A., Banque Nationale pour le Commerce et l'Industrie, à Alger.

Les z'autes (qu'y font pas de politique, qu'y la subissent) je vous les classe en « Cinéma », « Littérature » etc. mais pas dans l'ordre alphabétique exprès pour qu'obligé vous les lisez tous.

Dans le cinéma :

En vrac, y a Alexandre Arkadi, Jean-Claude Brialy, Philippe Clair, Elie Chouraqui, Antoinette Moya, Claude Zidi, Marthe Villalonga, Françoise Fabian, Marlène Jobert, Guy Mouyal, Victor Lanoux, Marie-José Nat, Geneviève Fontanel, Dominique Paturel, Valérie Mairesse, Jean Négroni, Jacques Nahum, Ariel Zeitoun, Bernard Stora, Claude Lelouche, Georges Descrières, Michel Galabru, Yves Vincent, Nathalie Delon, Bernadette Lafond, Françoise Arnoul, Claudia Cardinale.

Jean Narboni (des « Cahiers du Cinéma ») et Claude-Jean Philippe (Claude Nahon, c'est son vrai nom) qui les a tous fait connaître à la télé.

Des écrivains :

Jules Roy, Jean Pélegri, Emmanuel Roblès, Marie Cardinal, Schmuel Trigano, André Chouraqui, Fernande Stora, Frédéric Musso, Georges Elgozy, Anne Lœsch, Daniel Leconte, Marie Elbe, Marie Susini, Marcel Moussy, Robert Laffont, Pierre Laffont, Maurice Partouche, Jacques Derrida, Bernard-Henri Lévy, Daniel Saint-Hamont, Albert Bensoussan, Jean Daniel, Irène Karsenty, Albert Memmi, Geneviève Baïlac, Pierre Sergent, Gil Ben Aych, Jean-Pierre Millecam, Robert Curel, Pierre Lescure, Max Guedj, Léo Palacio, André Trives, Françoise Renaudot, Andrée Montéro, Jean Brune, Gabriel Audisio, Francine Dessaigne, Jean Pomier, Richard-M. Kouby, Jean Sénac, Claire Janon, Louis Gardel, Jacques Manguso, Henri Mas, Henri Chemouilli, Marc Baroli, Louis Althusser, Marc Lamunière, Gabriel Conessa, Pierre-Louis Rey, Jeanne Cheula, Xavier Yacano, Me Jacques Ribs, Richard Zrehen, Janine de la Hogne,

André Nouchi, Jean-Louis Miège, Gabriel Esquer, Roger Hanin, et ouais !

Et Edmond Brua et Paul Robert, ceux-là si vous les connaissez pas...

Journalistes :

Pierre Bénichou, Luc Bernard, Jean Daniel, André Halimi, Albert-Paul Lentin, Georges-Marc Benhamou, André Bénezra, Robert Benayoun, Victor Malka, René Attard, Marcel Crozatier, Richard Liscia, Jean-Paul Enthoven, Alain Chouffan.

Au « Canard Enchaîné », y a que Claude Roire avec moi, mais tous mériteraient d'être pieds-noirs. Déjà que Vazquez de Sola est espagnol et Pino Zac, italien...

A l'audiovisuel :

Serge Moatti, Paul Nahon, Serge Misraï, Jean-Pierre Elkabbache, Jean-Claude Héberlé, Alain Jérome, Roger Bensimon, André Sabas, Bernard Benyamin, Paul Amar, Jacques Nakache, Christiane Duparc, Gilbert Bénatouil, Christiane Delacroix, Sophie Dumoulin, Élisabeth Schemla.

Dans les variétés :

Enrico Macias, Zavatta, Robert Castel et Lucette Sahuquet, Eddy Marnay, Jacques Demarny, Martial Ayela, Jean Claudric (c'est mon frère), Martial Solal, Michel Gésina, Jacques Duchaussoir, Guy Bedos, Jacques Plait, Lucien Ades, Michel Boujenah.

Jacques Canetti, les Marouani et leur smala.

Dans les personnalités :

Gilbert Trigano, Jacques Ribourel, Casanova Maurice, Jacques Roseau, Pierre Hébey, Pierre Giraudet (directeur d'Air-France).

Et Paul Belmondo, père de Jean-Paul.

Tout ceux que j'me suis plus rappelés à l'heure où nous mettons sous presse, marque dommage ! qu'y m'excusent si j'les ai omis mais hein, comme dit ma mère : les omis de mes amis sont mes amis.

WHO'S WHO

des pieds-noirs
pas encore connus

Abecassis
Abitbol
Aboucaya
Aboulker (dit
  Trabadjar l').
Abrami
Achouche
Aïch
Akoun
Alaoui
Alavéna
Albou
Aloro

Ambrosino
Amoros
Amouyal
Amsellem
Ankaoua
Apestégui
Aquilina
Arezki
Assolino
Atlan
Attia
Attoun
Ayache

Ayoun
Aziza
Azoulay
Azam
Azzopardi

Ballester
Bakouche
Baroni
Bellaïche
Bitoun
Bénaïm
Bénassayag

Bénaya
Benchemoul
Benfredj
Benguigui
Bénillouz
Benkemoun
Benlolo
Benrakassa
Bensaïd
Bensoussan
Bentata
Bentolila
Bismuth
Bouchara
Boukabza
Boumendil

Capolongo
Cassar
Castanéda
Catala
Chemla
Chemouilli
Chetrit
Chiche
Chicheportiche
Chouik
Choukroun
Chouraqui
Cohen-Solal

Dadi
Dadoun
Dahan
Darmon
Djian
Douïeb
Doukan
Driguez

Elbaz
Elkaïm
Elkoubi
Espada
Esposito

Faivre
Fanfani
Fassina
Féranczi
Fernandez
Filippini
Fiorentino
Fitoussi
Franceschi
Fredj

Garofalo
Gerbi
Gésina
Ghenassia
Gotvallès
Gozlan
Grosoli
Guastavino
Guedj
Guilabert
Guitoun

Habib
Hadjadj
Hanoune
Hernandez

Illouz

Jacomino
Jaïs

Kamoun
Kanouï
Kaoua
Karouby
Karsenti

Lachkar
Lebrati
Llinarès
Lopinto

Machtou

Médioni
Mercadal
Mesguiche
Miguérès
Mimerand
Molina
Morali-Daninos
Morciano
Mouyal

Nahon
Nataf
Nebot
Nouchi

Ouakine
Oualid
Olivares
Ouzilou

Pagès
Papalardo
Pérez
Ponsoda
Pozzodiborgo

Ramirez
Rodenas

Saccomano
Saïda
Sarfati
Sasportès
Sconamiglio
Scotto
Sebaoun
Sebaouni
Sebbah
Sebban
Seror
Siksik
Smadja
Solivarès
Stora
Sussan

Taïeb
Tchintcho
Teboul
Temime
Tiffou
Timsit
Toledano
Tordjmann
Torregrossa
Tortora

Touati

Vidal et Manega
Villalonga
Vivarès

Waïs

Zanettacci

Zaoui
Zemmour
Zénatouil
Zénatti
Zénouda
Zéraffa
Zerbib
Zermati
Zimero
Zitoun

Paradis plage.

200

CLASSIQUES PATAOUÈTES (1)

MUSETTE

CAGAYOUS CHEZ LE PHOTOGRAPHE

Y asta !

L'homme y ferme le tiroir, y sort une boîte et y s'ensauve vite avec, dedans une chambre qu'elle est noire pareille une cave.

Je sais pas quoi c'est il a fabriqué là-dedans ; si s'a fait bouillir mon portrait, ou y s'a fait la bataille des jésuites avec !

Personne y connaît rien !

Demi-heure après, l'homme y s'amène vec un carreau mouillé, et y me fait voir soisandisant mon portrait.

— Allez rigolez pas. C'est moi, ça ? Des cheveux blancs et des yeux aveugles, j'ai, moi ? Si vous savez pas travailler, disez-le ; mais vous savez, si vous voulez vous f... de mon kilo, moi je vous casse !

— Vous fâchez pas, qui me dit M. Leroux ça c'est le cliché.

— Cliché... cliché !... Moi j'a venu ici pour le portrait. Oùsqu'il est ? Vous êtes pas capable le faire voir, oilà ça que je sais !

Alors lui y prend le verre par en côté et y me fait tourner un peu.

Ce coup-là je m'a vu naturel...

Amane ! Quel fourbi c'est ça ?

(1) Vous remarquerez que j'me mets pas dedans, hein ?

— Eh bien, vous êtes content à présent ? y parle
M. Leroux.

— Maintenant, je dis pas. Seulement pourquoi
vous avez pas fait les jambes ? On se voit pas le
pantalon. Mettez, mettez le carreau dedans la boîte et
faisez-moi ça qui manque !

Y se f... à rigoler et y me dit qu'y a pas moyen, mais
que une aute fois y me tire tout entier.

Taïba !

Quand j'ai parti, M. Leroux y m'a demandé la
permission qu'on met mon portrait en-dessous les
arcades Bab-Azoun.

Moi j'y réponds que oui. Seurement j'y dis que si
jamais y vient des femmes pour se l'acheter, on le vend
à personne, pourquoi Remédio elle me mange les... !
(Je dis pas quoi, mais quand même tous y comprend,
pas vrai ?).

MUSETTE, *Cagayous*.
Éd. Baconnier, Marseille.

PAUL ACHARD

Les vieux Algérois n'ont peut-être oublié ni ce gros
chef de claque qu'on surnommait « Piment doux » et
qui s'appelait Baldafarina le père, ni l'entrepreneur de
figuration qui portait le sobriquet de *Calaô*, parce
qu'il avait les jambes torses.

Les hommes à Calaô étaient notamment appréciés
lorsqu'il fallait donner en scène l'illusion d'une
bagarre ou simplement d'un remous de foule. Ainsi en
était-il dans *Lakmé* où les amis de Nilakanta, on le
sait, doivent, à un moment donné, entourer le jeune
Gérald. Ces gens, avait expliqué le second régisseur,
un nommé « Pi-ouitt », doivent être menaçants.

203

— Vous comprenez qu'est-ce que c'est « menaçants » ? demandait Calaô à sa troupe, après lui avoir rapporté les explications de Pi-ouitt.

— Y alors, qu'on comprend, affirmait Tromba, ça veut dire qu'on lui sort des insultes et tout.

— Manco c'est ça, protestait le chef, il faut pas parler.

—· Mais on peut li donner trois ou quatre coups de genoux dans le ventre, une supposition ?

— Non plus, écoutez ça que je vous dis moi, pour la mort de vos os ! « Menaçants », ça veut dire que ni tu parles ni tu frappes.

— Alors quoi on fait ?

— On lui jette les yeux empoisonnés, avec la figure méchante et tout, et les mains comme si tu vas le *casborer*, mais pas plus : tenez comme ça...

Et Calaô prenait l'air d'un bœuf irrité, en louchant effroyablement. Une voix timide demanda :

— Cracher on peut ?

— Quoi, cracher ? Ti es pas fou !

— Si on peut ni l'ensulter ni le frapper, peut-ête on peut lui cracher à la figure... oussinon, *oulla*, nous avons l'air d'une bande de c... !

Paul ACHARD, *Salaouètches*.
Éd. Baconnier, Marseille.

GILBERT ESPINAL

C'est tonteux, c'est tonteux elle faisait que dire Angustias, hier matin, en rentrant dans la cour !...

Martyrio elle la suivait, qu'elle pleurait comme une mad'leine...

— Qu'est-ce que c'est qui est tonteux elle l'y a démandé Consuelo, que comme par hasard elle était devant sa porte à prend' le frais (avec le froid qu'y fait !) que cel-là elle est toujours « a la qué salta » comme y dirait Calderon...

— Pos que le Pépico y l'y a fichu une baf' à la
Martyrio qu'elle est restée ax ! Si j'aurais pas été là moi
pour ne pas qu'elle tombe par terre, à la rue encore
elle serait comme une pierre !

Consuelo elle a senti le drame et chez Angustias elle
s'est faufilée. Martyrio elle était inconsolab' que plus
elle pleurait, plus elle avait envie...

Gilbert ESPINAL, *Les Chroniques de Séraphin.*
Éd. Baconnier, Alger, 1957.

EMMANUEL ROBLÈS

— Ti as pas honte, dis, tu frappes un plus petit ?
Et les copains de renchérir :

— O mangiacaga ! si tu le touches, son frère y te
serre le cou que la langue comme ça de longue elle te
sort !

Emmanuel ROBLÈS, *Jeunes Saisons.*

HENRI DE MONTHERLANT

— Ah non ! monsieur, moi je suis bien gentil. Tout
le monde il me connaît et tout le monde il m'estime.
Et puis intelligent ! Y en a pas deux comme moi !
Même mon père il est pas si intelligent comme moi.

La Rose de Sable.
Éd. Gallimard.

... Je sais bien que ma fille, elle est mes yeux.
... Vouai, c'est un Arabe qui m'a cherché des
chicanes. Je sais pas comment je me l'ai pas mangé !

Il y a encore des paradis.
Éd. Soubiron, Alger, 1934.

ALBERT CAMUS

Alors Coco y s'avance et y lui dit : « Arrête un peu, arrête. » L'autre y dit : « Qu'est-ce qu'y a ? » Alors Coco y lui dit : « Je vas te donner des coups. — A moi tu vas donner des coups ? » Alors y met la main derrière, mais c'était scousa. Alors Coco y lui dit : « Mets pas la main darrière, parce qu'après j'te choppe le 6-35 et t'y mangeras des coups quand même. »

L'autre il a pas mis la main. Et Coco, rien qu'un, y lui a donné — pas deux, un. L'autre il était par terre. « Oua, oua », qu'y faisait. Alors le monde il est venu. La bagarre, elle a commencé. Y en a un qui s'est avancé à Coco, deux, trois. Moi j'y ai dit : « Dis, tu vas toucher à mon frère ? — Qui, ton frère ? — Si c'est pas mon frère, c'est comme mon frère. » Alors j'y ai donné un taquet. Coco y tapait, moi je tapais, Lucien y tapait. Moi j'en avais un dans un coin et avec la tête : « Bom, bom. » Alors les agents y sont venus. Y nous ont mis les chaînes, dis. La honte à la figure, j'avais, de traverser tout Bab-el-Oued. Devant le *Gentleman's bar*, y avait des copains et des petites, dis. La honte à la figure. Mais après, le père à Lucien, y nous a dit : « Vous avez raison. »

Albert CAMUS, *Noces*.
Éd. Gallimard.

KADDOUR

LA CIGALE Y LA FORMI

[FABLE IMITÉE DE LA FONTAINE]

J'y conni one cigale qui tojor y rigole
Y chante, y fir la noce, y rire comme one folle,
Y s'amouse comme y faut
Tot l'temps y fi chaud.
Ma, voilà qui fi froid !!!
— Bor blorer t'y en a le droit —
Ma, t'a riann por bouffer,
Bar force ti va criver.
Y marchi bor la rote
Y trovi one formi
Qui porti bon cascrote.
Y loui dit : « Mon zami,
» Fir blizir bor priter
» One p'tit po di couscousse
» Bor qui ji soui manger.
» Josqu'à c'qui l'hirb' y pousse.
» J'y paye, barol d'onnor
» L'arjan y l'antiri, pas bizoann d'avoir por. »
La formi, kif youdi,
L'argeann y prite pas.
— « Quis ti fir, y loui di,
» Quand di froid y ana pas ?
— « Le jour, ji chanti bor blizir,
» La noui j'y soui dormir.
» — Ti chanti ? Bor moi ji pense
» Qui millor qui ti danse. »

Morale

Li jouif y couni pas quisqui cit la mousique
Millor di bons douros, afic bon magasin
Qu'one tam-tam manific
Qui l'embite li voisin.

Les Fables de Kaddour.
Éd. Balland, 1972.

EDMOND BRUA

ACTE I

Scène III
(Sur la place publique)
Dodièze, Gongormatz

Gongormatz

Atso ! Vous s'la portez ? Vous avez pas le droit !
Y s'a trompé Fernand. Ti'es sûr que c'est à toi
Qu'il a fait commandant du Nitram Ifrikate ?

Dodièze

Avec gloire et honneur je me port' la cravate,
Pourquoi moi et Fernand nous s'avons fréquentés
Du temps que manque encore il était député.

Gongormatz

Tout député qu'il est, c'est pas pluss que les autes !
Laisse aujord'hui qu'y passe et le monde qu'y vote,
Tu oiras comment qu'c'est qu'y prend le saucisson,
Çuilà-là qu'y s'oblie aux amis à de bon !

Dodièze

Allez, va, mieux ça vaut nous se tournons la page.
Comment qu'ça va chez toi ? La petite elle est sage ?
Ti'es le père à Chipette, y faut pas l'oblier,
Et mon fils Rodriguez y oudrait s'la marier.
Nous allons s'espliquer, moi et toi, tête à tête.

GONGORMATZ

Cause à l'aut'! Où ti'as vu Rodriguez et Chipette ?
Ça qu'y faut pour ton fils, c'est un morceau de choix,
Que son père y se tient la brochette des croix !
Mâ toi qu'ti'es commandant, eh ben ! vas-y,
[commande !
Fais-y oir à Fernand ça qu'c'est la propagande :
Ahuser le veston de tant qu'il est gonflé
Vec les cart' d'électeurs et les bull'tins à clé ;
Raconter que Lopez il arriv' de Cayenne
Et que s'y sort élu faut qu'y finit sa peine ;
Bien bien faire entention de pas s'léver trop tard
Pour pas qu'on perd les oix de l'hospic' des vieillards.
Fais-y oir, quand Lopez y se tient le métingue,
Comment qu'on s'organise un' séanc' de bastringue,
Et si Monsieur Fernand il a peur qu'y'a du pet,
Comment qu'à l'orateur y faut s' l'interrompre !

DODIÈZE

Alors là, par exemp', y'a de la jalousie !
Moi que j'ai jamais eu d'histoires de ma vie,
A part trois bras cassés et neuf condamnations,
Tout ça rapport à qui ? Rapport aux élections.
Si c'est pas pour Chipette, à de bon, j'y'en donne une !
J'ai fait VOTER LES MORTS, ô couillon de la lune !

GONGORMATZ

Je cause des vivants, je cause pas des morts.
Va oir un peu là-bas s'y s'arappell' encor !
C'est comm' si qu'tu m'dirais qu'y'a cinquant'-douze
années
Elle a eu ta bell'-mère un' fille en moitié née !
Toi ti'es de l'ancien temps, moi je suis d'aujourd'hui.
Quand y march' le Progrès, tout y march' avec lui.
J'ai cet œil de pas bon, mâ çuilà de pas guitche.
A chaqu' coup, si je veux, je me tir' le boulitche !
Sans moi, y'a pas d'élus, total : y'a pas des lois.

S'y veut passer Fernand, faut qu'y s'adresse à moi.
Han ! s'y m'aurait donné le Nitram Ifrikate,
Aoufo moi j'y fais l'entention délicate.
Qu'y s'en prend rien qu'à lui si Lopez y le bat !...

(Fausse sortie)

Mâ j'ai bien entendu, manadje ! ou si j'ai pas ?
A qui ti'as dit COUILLON ? Je vas me laisser faire ?
Sanche à toi, vieux cornard, que j'ai bon carattère,
Aussinon...

DODIÈZE

    Je dis pas. Ti'es vesqué, ti'as le droit.
La fourche y m'a langué, c'était plus fort que moi.
A mon âge, les nerfs, y faut bien qu'on s'les passe.
O Gongormatz, allez, tu te mets à ma place...

(Fausse sortie)

Mâ, comme y dit Fernand, CORNARD, c'est superflu !
Encor je dirais rien si ti'aurais dit COCU.
On est veufs moi et toi, mâ pour la cocurrence,
Souviens-toi du passé... tu f'ras la différence !

GONGORMATZ

Mieur qu'on se jette un oile en dessur le passé,
Que les épingues, moi, jamais j'a ramassé !

DODIÈZE

Çuilà qu'il est jaloux, ça se oit quand y louche.

GONGORMATZ

Un lécheur, on le oit quand y rouve la bouche.

DODIÈZE

Les mouches, dans la vote, y vont rentrer dedans.

210

GONGORMATZ

Qué des necs que tu fais pourquoi ti'es commandant !

DODIÈZE

Y'en a qu'y oudraient l'êt' et qu'y sont pas capabes !

GONGORMATZ

Y'en a qu'à Barbarousse y sont pas pluss coupabes !

DODIÈZE

Ce morceau de ruban, je l'a pas sarracqué !

GONGORMATZ

Y'avait mon nom d'écrit en-dessur le paquet !

DODIÈZE

Va de là !

GONGORMATZ

Qui ?

DODIÈZE

Toi ! !

GONGORMATZ

Moi ? ?

DODIÈZE

Ouais, vous ! ! !

GONGORMATZ

Oh ! Pauvre France ! ! !

Force à force, à la fin, je me pers la pantience.

(Il s'empare du soufflet de DODIÈZE et lui en donne un coup)

DODIÈZE, *brandissant une de ses espadrilles*

Tu m'as frappé dessur ! Tu m'as lévé l'honneur !
Allez, va, tape encor jusqu'à tant que je meurs !

(Son bras retombe)

GONGORMATZ

Oh ! l'homme il est armé ! Qué morceau de matraque !

DODIÈZE, *à part*

Mieux qu'on répond pas rien quand on est trop
patraque.

GONGORMATZ

Si je serais de toi, je le tourne en-dedans,
Pourquoi les arm' à feu ça fait des accidents.
Tiens ! Oilà ton soufflet. Adios et bonne année !
Mets-le dessour le globe, en haut la cheminée...

(Exit GONGORMATZ*)*

*
**

SCÈNE IV

DODIÈZE, *l'espadrille à la main*

Qué rabbia ! Qué malheur ! Pourquoi qu' c'est qu'on
vient vieux ?
Mieux qu'on m'aurait lévé d'un coup la vue des yeux !

Travailler quarante ans négociant des brochettes,
Que chez moi l'amateur toujours y s'les achète,
Pour oir un falampo qu'y me frappe en-dessur
A'c mon soufflet tout neuf, qu'il est mort, ça c'est sûr !
Ce bras, qu'il a tant fait le salut militaire,
Ce bras, qu'il a lévé des sacs des pons de terre,
Ce bras, qu'il a gagné des tas des baroufas,
Ce bras, ce bras d'honneur, oilà qu'y fait tchoufa !
Moi, me manger des coups ? Alors, ça, c'est terrible !
Çuilà qui me connaît y dit : « C'est pas possibe !
Gongormatz, à Dodièze, il y'a mis un taquet ?
Allez, va, va de là ! Ti'as lu ça dans *Mickey ?* »
Eh ben ! ouais, Gongormatz il a drobzé Dodièze ;
Il y'a lévé l'honneur, que c'est pir' que le pèze.
Aousqu'il est le temps de quand j'étais costaud ?
O Fernand, je te rends ça qu'tu m'as fait cadeau !

(Il arrache sa décoration)

Je suis décommandeur du Nitram Ifrikate.

(Il essaie de se rechausser)

Et toi que ti'as rien fait, calamar de savate,
Au pluss je t'arrégare, au plus je ois pas bien
Si ma main c'est mon pied ou mon pied c'est ma
main...

Scène V

Dodièze, l'espadrille à la main ; Roro

Dodièze

O Roro, ti'as pas peur ?

Roro

Si ça s'rait pas mon père,
Qu'est-c' que j'y réponds pas !

DODIÈZE

                        Qué gentil carattère !
Ça fait plaisir de oir comme y prend la rabbia.
Çuilà, c'est tout craché la phot à papa.
Dès, c'est moi ou c'est toi que j'me ois dans la glace ?
Allez, va, viens, mon fils, viens me laver la face,
Viens me manger !

RORO

De quoi ? !

DODIÈZE

                        Me... venger d'un macro
Qu'à l'honneur de nous aut' y vient d'faire un accroc.
D'un bon coup de soufflet y m'a donné le compte.
Si je me retiens pas, ay ! comm' ça l'œil j'y monte !
Tâche moyen de oir ousqu'y s'est ensauvé ;
Mâ entention, fais gaffe, il a rien du cavé ;
C'est...

RORO

Allez, disez-le !

DODIÈZE

C'est le père à Chipette.

RORO

Le...

DODIÈZE

Basta ! Je connais ça que ti'as dans la tête.
                        (Il lui tend son espadrille)

214

Mâ comme y dit Fernand, le de'oir avant tout !
Va, cours, vole, assassine et bouffes-y... le mou !

(Exit DODIÈZE)

*
**

SCÈNE VI

RORO, l'espadrille à la main

Traversé jusqu'à l'os du cœur,
L'amour y me retient, le de'oir y m'appelle !
La querelle à papa faut qu'j'en fais ma querelle
Pour un p'tit coup d'soufflet qu'y s'a pris par erreur !
Atso ! C'est rigolo comm' la vie elle est triste !
Je viens antitoutiste !
Moi et Chipette on était fiancés,
Michquine et michquinette !
Allez ! Mon père y s'a fait renfoncer,
Et l'enfonceur, c'est le père à Chipette !
Eh ben ! ti'es dans des jolis draps !
Ouais, l'honneur il est propre et l'amour elle est
[fraîche !
Ça qu'y veut çuilà-là, oilà qu'l'aute y l'empêche ;
Un y te pousse en haut, l'aute y te tire en bas.
Méteunant, ti'as le choix : ou tu prends ta future,
Ou tu perds la fugure !
Total, c'est tout. Le sort il est jeté,
Michquine et michquinette !
Pour un affront, pour un père ensulté,
Faut qu'je me donne a'c le père à Chipette ! (...)

Edmond BRUA.
La Parodie du Cid, Balland, 1972.

215

La Basseta.

JE TIRE MA RÉFÉRENCE...

I

Principaux ouvrages pataouètes

ACHARD (Paul) : *Salaouètches*, Alger, Baconnier, 1949, puis Paris, Balland, 1972.

AUDISIO (Gabriel) : *Cagayous* (anthologie), Paris, Gallimard, 1931, puis Paris, Balland, 1972.

BERTRAND (Louis) : *Pépète et Balthazar*, Paris, Ollendorf, 1920.

BRUA (Edmond) : *La Parodie du Cid, Les Fables bônoises*, Alger, Baconnier, 1961 (9ᵉ éd.), puis Paris, Balland, 1972.

CASTEL (Robert) : *Inoubliable Algérie*, Paris, Pierre Horay, 1960.

DUCHENE (Ferdinand) : *Mouna, Cachir et Couscous*, Paris, Albin Michel, 1930.

ESPINAL (Gilbert) : *Les Chroniques de Séraphin*, Alger, Baconnier, 1957.

FAVRE (Lucienne) : *Bal-el-Oued*, Paris, La Table Ronde, 1946.

FULGENCE : *Phèdre aux pieds noirs*, Niort, Imbert-Nicolas, 1974.

GALUNAUD (Georges) : *Gavatcho*, Alger, Ed. Barbry, 1956.

JULIA (Louis) : *Tonet de la Bassetta*, chroniques parues dans *Alger Républicain*, de 1947 à 1954.

KADDOUR : *Fables*, Paris, Balland, 1972.

LECOQ (L). et HAGEL (Ch.) : *Broumitche et le Kabyle*, Paris, Fayard.

LECOQ (L.) : *Pascualète l'Algérien*, Paris, Albin Michel, 1934.

MUSETTE : *Œuvres*. Différents volumes : *Les amours de Cagayous, Le Mariage de Cagayous*, etc., Alger, Éditions Méditerranée Vivante, 1949.

RANDEAU (Robert) : *Cassard le Berbère*, Paris, Les Belles Lettres, 1921.

SAINT-HAMONT (Daniel) : *Le Coup de Sirocco*, Paris, Fayard, 1978.

SIMONNET (J.) : *Double Tchatche*, Alger, Baconnier, 1959.

II

Ouvrages de référence

BOUDARD (Alphonse) et ÉTIENNE (Luc) : *La Méthode à Mimile*, Paris, La Jeune Parque, 1970.

BRUANT (Aristide) : *Dictionnaire français-argot*, Paris, Flammarion, 1901.

CARADEC (François) : *Dictionnaire du français argotique populaire*, Paris, Larousse.

CELLARD (Jacques) et REY (Alain) : *Dictionnaire du français non conventionnel*, Paris, Hachette, 1980.

GALTIER-BOISSIÈRE (J.) et DEVAUX (Pierre) : *Dictionnaire historique, étymologique et anecdotique d'argot* (in Le Crapouillot, mai et septembre 1939).

GIRAUD (Robert) : *Le Royaume d'argot*, Paris, Denoël, 1965.

LANLY (A.) : *Le français d'Afrique du Nord*, Paris, P.U.F., 1962 ; Bordas, 1970.

LE BRETON (Auguste) : *Langue verte et noirs desseins*.

SIMONIN (Albert) : *Le Petit Simonin Illustré*, Paris, Gallimard, 1968.

Et les dictionnaires Larousse, Robert et Littré.

Et mes livres à moi, bien sûr, obligé que j'les consulte, pour pas me répéter et j'les sais pas par cœur :

Et alors ? Et oilà !, Le Roman du mois, 1968 ; Balland, 1972.

Le Roro (illustrations de Brouty), Paris, Denoël, 1969.

La légende des siestes, Paris, Balland, 1973.

Le Beau temps perdu, Paris, Seghers-Laffont, 1978.

Le port d'Alger.

Bab-El-Oued.

TABLE DES MATIÈRES

Achevé d'imprimer
sur les presses numériques de Dupli-Print (95)

Imprimé en France